COL·LECCIÓ HISTÒRIES DEL RAVAL

14 LA BOQUERIA

I EL SEU MÓN DE RELACIONS SOCIALS, 1840-1980

MIQUEL VALLÈS

el LOKAL

Barcelona, abril 2022

Disseny i maquetació: El Lokal
Fotografies: Arxiu Fotogràfic de Barcelona. Arxiu Nacional de Catalunya.
Fotografia coberta: Interior del mercat de la Boqueria. Any 1920 (AFB)

Edició:
Associació Cultural el Raval «El Lokal»
C/ de la Cera, 1 Bis. 08001 Barcelona
ellokal@ellokal.org
www.ellokal.org

ISBN: 978-84-125320-0-5
Dipòsit legal: B 7090-2022

Impressió: Estugraf impresores S.L.
C/ Pino, 5. 28350 Ciempozuelos, Madrid

Premsa consultada en aquest treball. Abreviatures.

DB	Diario de Barcelona
DE	Destino
EA	El Áncora
EC	El Constitucional
ECP	El Clamor Público
ED	El Diluvio
EGN	El Guardia Nacional
EHM	El Heraldo de Madrid
EI	El Imparcial
ELL	El Lloyd Español
EP	El Popular
EPC	El Poble Català
ESF	El Siglo futuro. Diario Católico.
FR	Frente Rojo
GCH	Gaceta de los Caminos de Hierro
GMB	Gaceta Municipal de Barcelona
LAE	La España
LC	La Corona. Periódico liberal
LCC	La Crónica de Cataluña
LCE	La Correspondencia de España
LD	La Dinastía
LE	La Esperanza
LH	La Humanitat
LI	La Independencia
LP	La Publicidad
LV	La Vanguardia
LVC	La Veu de Catalunya
MG	Mundo Gráfico
SOLI	Solidaridad Obrera

Índex general

Pròleg

Es fa difícil tirar endavant un pròleg d'un llibre tan ben documentat i escrit, sembla que no hi hagi res més a dir.

De tota manera ho intentaré tant pel Miquel Vallès com per la gent del Raval, que s'ho mereixen.

Bé, parlarem doncs del llibre. Potser per alguns lectors els sorprendrà la quantitat ingent de documentació que pot generar un mercat. En primer lloc estem parlant d'un dels mercats més importants, com a mínim en l'àmbit històric, de la vella Europa. Per altra part, i gràcies al llibre, ens apuntem a la reivindicació de l'existència dels mercats, davant la invasió sense control de les grans superfícies que han fet trontollar els mercats i la quasi desaparició de les botigues de barri.

Del llibre, recolzat d'un treball d'investigació i documentació exhaustiva i generosa, també destaquem el caràcter narratiu, a on les notícies dels mitjans de l'època estan interrelacionades en el temps i en el context.

Destaquem alguns capítols d'aquest llibre de lectura amena i substanciosa, que m'han cridat l'atenció personalment: "La vaga de verduleres 1852", "Els temes sobre els cargols i els bolets", "La vaga dels hortolans, pescadors i peixaters 1903", "El conflicte de la Nivelina", "El director Lerrouxista que no volia marxar ni amb aigua calenta".

I, tot i que el llibre és molt complet, em permeto una petita aportació per un tema antic i que avui en dia és actual: els residus. Fins ben entrat els anys 60 abans de la generalització del plàstic, a les botigues hi anàvem a comprar amb cistells o senalla (com avui) la compra a pes i una part en paperines i l'altra embolicat solament en paper, sense bosses: la carn, el peix, l'embotit, la verdura directe al cistell. Els líquids, llet, oli, vi, licors, en atuells de multiús aportat per la clientela. Les llaunes reutilitzades com a testos i mini regadores. Alguns envasos de vidre, com les d'aigua mineral, cervesa, sifó, d'envàs retornable. Les ampolles del festiu "xampany" de recompra per tal que un cop netes es reutilitzessin. El cubell de la brossa de ferro galvanitzat sense bossa i com a molt folrat de paper de diari i era recollit per l'escombriaire de porta a porta.

Avui en dia s'estan generalitzant les bosses de paper, els envasos compostables, la venda a dojo, que no és un retorn nostàlgic al passat sinó un fet d'urgent necessitat.

I com que el llibre em dona peu pel tema de que els bons professionals venien i venen amb recepta, aquí en van dues recollides als mercats:

Fideus amb espina de tonyina

Aquest plat és l'equivalent de mar a la recepta de muntanya feta amb costella de porc ja que l'espina un cop salpresa aporta greix i substàncies de caràcter paral·lel.

Fem un sofregit d'all, pebrot i tomàquet, rossegem els fideus, habitualment dels gruixuts, ho cobrim lleugerament d'aigua o millor, si pot ser, d'un brou suau de peix i li afegim l'espina. Cap al final de la cocció, si volem donar-li més arrodoniment, hi podem fer una picada d'all, julivert, uns brins de safrà i rovell d'ou dur.

Recollit al mercat de Santa Caterina i a la Boqueria al voltant dels anys 70 del s. XX.

D'aquestes mateixes dates i al mercat dels dijous a Granollers:

Truita d'escarola

Aprofitem les fulles externes de l'escarola, les que són més verdes, les tallem petites i les ofeguem en una paella, amb tapadora, on també hi hem fregit un gra d'all (optatiu).

Un cop toves, les afegim amb ous batuts i formem una magnífica truita rodona.

Pep Salsetes

Unes anotacions prèvies

Els mercats són més antics que els hospitals, les casernes i els convents; allà on hi havia gent, agrupada o dispersa, aquesta de manera cíclica s'aplegava al voltant d'un mercat que d'altra banda era muntat i organitzat, en la seva majoria, per la pròpia gent veïna, encara que alguna venia de més lluny. Sabem que s'hi venia, s'hi comprava i s'hi intercanviava tot allò que era una necessitat per a subsistir i viure.

També al voltant del mercat s'hi generava una munió de relacions socials, lloc on la gent es presentava, coneixia, es pactaven matrimonis, alguns amb estimació i altres amb massa interessos que poc o gens hi tenien a veure.

Eren llocs de colors, d'olors i d'informació, la gent parlava i abocava totes les notícies que fins llavors havien quedat aïllades de les oïdes i el coneixement d'aquells que vivien més o menys lluny. S'hi explicaven les penúries, les malalties dels petits, dels grans i dels més vells, i sempre hi havia qui tenia remeis per guarir els adolorits i nafrats. També hi havia venedors que es guanyaven la vida amb la poca vida d'altres, amb herbes, pomades, ungüents, fruits, sangoneres, cataplasmes, olis, etc. No cal dir com també, en el mateix mercat o més enllà, hi havia qui treia dolors, col·locava els ossos al seu lloc, curava els espatllats, les migranyes, feien fèrtils les noies i dones que no podien infantar...

Era un món de saviesa, de paraules, de saber i conèixer per a qui en tenia ganes; les venedores dels mercats tenen un coneixement tan extens i sòlid dels seus productes que poden vendre'ls amb recepta, és a dir que mentre els preparen poden suggerir i recomanar les millors maneres de cuinar-los.

També, naturalment, els mercats són un lloc de murrieria, que aplicada als estris de mesurar, com les romanes i bàscules, passant per les balances de dos plats, les modernes d'agulla i no cal dir les d'avui digitals, eren eines i màquines les quals, fent-els-hi petits tocs i retocs augmentaven els guanys del venedor o venedora i les pèrdues del comprador. I no diguem pel que fa als líquids, com l'oli, el vi o la llet, que passant per les mesures donaven la quantitat "precisa" i eren lliurats després a la clientela.

La paraula mercat s'ha estès i corromput en la seva significació: avui tenim els mercats borsaris, els mercats de valors –de quins valors? el mercat de treball, on les persones representen un valor econòmic i com a tals són objecte de venda i compra. Tenen preu.

Avui els supermercats han ferit de manera greu els antics mercats. Les paraules sovint són perverses perquè les hem esbiaixat, de manera que a primera vista un "super", establiment que pel seu nom hauria de ser molt millor que un senzill mercat, resulta que malgrat l'aparença és molt menys que un mercat; allí no podem tocar els aliments, la majoria ni tant sols veure'ls ja que tot és encapsulat, plastificat, asèptic, –moltes *marques blanques*– i el més greu, potser, molts d'ells fabricats per empreses multinacionals, res de productes de proximitat. Ens desapareix el tracte personal entre venedors i compradors, podríem dir que són establiments anònims si no fos perquè a la fi hem de passar per caixa, on gairebé sempre ens trobarem amb noies o dones i ja ens podem pensar per quins motius i raons fan aquella desagradable feina. Els pocs dependents o dependentes que trobem als súpers acostumen a tenir una desafecció tan gran vers l'empresa on treballen, que ni coneixen allò que venen ni tenen massa interès per parlar-ne.

Ja sabem que l'èxit d'aquests grans magatzems és degut a la vida apressada, al treball de les parelles, a la mandra de cuinar, a les cues, als menjars envasats i precuinats, etc. Curiosament constatem com els mitjans de comunicació –més de propaganda que d'informació– ens ofereixen un ininterromput espectacle de concursos de cuina per a grans, amb protagonistes de gent tant famosa com maldestre... També els petits, la canalla, són utilitzats i mostrats a l'aparador. Tot plegat ens porta a considerar que mai amb tanta divulgació i espectacle culinari havíem estat tan orfes i ignorants en l'ús i la pràctica de la cuina.

Al nostre barri hi ha un mercat d'aliments de bon veure, tant per la seva grandària física i per la diversitat i quantitat de verdures, carns, peix i tota mena d'aliments frescos que encara s'hi ofereixen, com per la riquesa de serveis que ha fet a la ciutat. Però per causes que acabem de citar, la Boqueria va enrere com a mercat tradicional, malgrat que en molts pocs anys s'hi hagin gastat més diners que en tota la seva història. I és que no tot, ni molt menys, s'arregla amb diners.

Abans del mercat de la Boqueria

Ens pot costar d'imaginar, però abans que entrés en funcionament el mercat de la Boqueria, la part de la Rambla que anava des del carrer del

Iglesia del convent de Sant Josep, dels Carmelites descalços, amb les carnisseries al davant, 1750. Detall del Plano de la Rambla. AHCB

Carme fins al de sant Pau era un llarg espai ocupat per moltes parades de venda d'aliments. Els hortolans de les hortes de sant Beltran que tenien els conreus entre la part baixa de l'actual Paral·lel i el peu de la muntanya de Montjuïc, més aquells pagesos que tenien camps pels voltants de les Rondes i també gent del Raval, venien els seus productes a les parades que muntaven els matins a les Rambles. A l'entrada dels carrers de l'Hospital i de sant Pau hi havia peixateres que venien el seu producte exposat o estès en paneres de vímet; el peix estava col·locat damunt de fulles de col que a la vegada jeien sobre la neu que arribava, portada pels traginers des dels antics pous de glaç; aquests dipòsits guardaven la neu en capes d'uns 20 centímetres de gruix, compactades i separades per fulles de falguera. Relativament prop de Barcelona, aquests pous es trobaven cap a la part alta del Moianès i el Tagamanent, zona que era anomenava «la nevera de Barcelona». L'activitat comercial d'aquest gel natural arribà al tercer decenni del segle XX.

Aquelles venedores més endavant foren traslladades Rambles amunt, entre el palau de la Virreina i l'església de Betlem, sota un cobert de fusta agafat a les edificacions d'aquella banda. Als dos costats del passeig feien fila les taules de carn, a més de les que oferien verdures, fruites i hortalisses. També naturalment hi havia els pollastraires, els venedors d'aviram i encara aquells que venien conills, menuts, peix salat com arengades, bacallà, etc.

Venedores i venedors cantaven anunciant els respectius productes, cadascun com el millor i el de més bon preu, de manera que la cridòria s'estenia de la mateixa manera que ho feien les olors i ferums que sortien dels productes residuals que eren llençats al peu dels llocs de venda. Aquest mercat arribava a la Portaferrissa. Entre aquesta portalada i la de santa Anna hi treballaven els corders filant i trenant el cànem i l'espart, aprofitant la llargada del que encara llavors era més riera que passeig.

Per si fos poc, durant uns anys s'hi van establir parades de venedors de mobles de segona mà que feien la competència amb els Encants situats llavors a les porxades, encara existents, al costat de l'actual edifici de la Llotja, al carrer del Consolat del Mar. I tampoc hem de passar per alt la venda de flors, articles de ferreteria, parament de cuina, estampes, creus, rosaris i moltes altres andròmines. I com sigui que les Rambles no eren encara empedrades, els dies de pluja es convertien en un fangar que feia difícil de transitar, de manera que ens hem d'imaginar aquell passeig de la Rambla com un espai força caòtic, sobretot als matins i en el tros que anava des del pla de la Boqueria fins la vella portalada que donà nom al carrer de la Portaferrissa.

Aquell estat de coses, la situació que ara en diríem d'urbanisme caòtic i d'extremes diferències soci-econòmiques –en part com avui– definirien la ciutat durant dècades. En un document de l'any 1867, trobem: *Narciso Pujadas Seladriguas sol·licita permís perquè el seu fill Narciso Pujadas pugui vendre bastons de fusta en una parada ambulant en el Pla de Boqueria.*[1]

Hi afegirem que els dos costats del passeig estaven deprimits i en canvi el centre era una panxa ben inflada, com una esquena d'ase, que sobresortia; les autoritats s'esforçaven perquè els vianants circulessin per la banda del Raval i que els carruatges ho fessin per la banda de la ciutat vella, un esforç ben inútil perquè llavors, més que ara, la gent anava, quan podia, per on volia.

Hi ha un personatge que val la pena de conèixer, es tracta de Rafel d'Amat i de Cortada, Baró de Maldà, home de la noblesa barcelonina que es trobà amb una immensa fortuna quan va néixer, la major part feta

1 AMCB. Codi A191. Exp. 1483. Any 1867

pels avantpassats a les Amèriques, ja podem imaginar-nos com i de quina manera –el seu oncle Manuel Amat va ésser Virrei del Perú. Aquell home, que tenia molt de temps lliure com podem entendre, va anar escrivint gairebé cada dia un dietari on hi anotava les incidències que observava a la ciutat. Evidentment que ell les veia des del seu estament social; això li privava a vegades d'entendre amb realisme tot el què s'esdevenia i menys les seves causes. Començà a escriure l'any 1769 i acabà el 1816, o sigui que ens va deixar una quantitat gran d'informació de la ciutat a cavall del darrer terç del segle XVIII i de les dues primeres dècades del XIX.

En un dels molts assentaments anotats, Maldà ens explica com el governador aprofità la gran quantitat d'aturats que hi havia a la ciutat per seguir amb la secular feina de continuar l'arranjament del passeig precisament a la part de la qual estem parlant:

> Dia 15 de maig 1800
>
> Siguent aquest sigle de tantes novedats en lo cel i en la terra, aixi s'ha experimentat en Barcelona, i actualment en est últim any de la centúria, de més projectes que de pessetes; discorrent a tot discórrer lo govern com donar sustento a tantes families desemparades i menesteroses, aixi [com] a tants treballadors que aumenten cada dia en sa indigència, per falta de feina.
>
> Per lo tant, per disposició de S.E. lo general o del senyor governador, se passarà a continuar lo passeig de la Rambla, allargant-se fins a Betlem; traient-se a les verduleres i hômens de tot aquell tros des de la Boqueria [Plà de la Boqueria] fins passada la iglésia de Sant Josep, transferint-se estes verduleres davant d'aquell tros de muralla de casa Rocafort (...) aixi també abaixant la terra del davant, tot per plaça per dites verduleres, i los corders fora. Podent jo dir que en tot aquest espai que ha corregut de cinquanta anys, la mitat, i no sé si diga més, de Barcelona és nova, i que de continuo s'hi fabrica, alçant-se molts pisos, no podent-se estendre per causa de les muralles, no cabent-hi casi la gent, que ja es computa arribar a dos-centes mil persones.[2]

En realitat la població barcelonina no arribava als 120.000 habitants al començar el segle XIX –dels quals 10.000 treballaven al ram del tèxtil– però és cert que el seu creixement era incessant; així és com només entre

2 Amat i de Cortada, Rafel: *Calaix de sastre*. Vol. V, 1800-1801. Curial Edicions, Barcelona, 1994

1834 i 1847 Barcelona augmentà la població en 50.000 habitants, en bona part per l'empenta de la immigració interior catalana; la gent sentia amb angoixa aquesta multiplicació del personal veient com les muralles no es movien ni es podien eixamplar i com al seu darrera hi havia un terreny despoblat que semblava infinit... S'hi afegia un altre motiu de preocupació, i era la indiferència de militars i religiosos que amb les seves casernes, presons, institucions de comandament, convents, monestirs, santuaris, i esglésies, acaparaven el 35% del sòl de la ciutat. També la burgesia compartia aquesta visió però amb un altre interès: a Barcelona no hi havia terrenys per implantar-hi més tallers, obradors o fàbriques, però aquest estament no s'atrevia a encarar-se ni a la milícia ni al clergat.

Calia alimentar totes les boques, i la ciutat no tenia ni un sol mercat important sinó un grapat de punts de venda a les places, cruïlles de carrers i espais pendents d'edificació. Hi havia parades a la plaça del Pedró; també entre la Llotja i l'antic convent de Sant Sebastià (avui el capdavall de la Via Laietana, al costat oposat a Correus), al Pla de la Boqueria, al voltant de l'església de Santa Maria del Mar i a altres punts. I no hem d'oblidar encara, el dispers exèrcit de venedors ambulants que, naturalment, no pagaven cap mena de contribució i arribaven a tots els racons on creien que podrien trobar compradors. Segueix Rafel Amat:

> Dia 3 de setembre 1800
>
> Havent succeït en les venedores de fruita, de la Boqueria, en est estiu, que els xicots los robaven moltes de peres més fruita –no sé si també verdures– lo govern donà providència mediar-ho, enviant-hi a dos mossos de l'esquadra per privar-los de robar; i havent complert molt be son encàrrec, los dits mossos, d'impedir semblants robos, en agraïment cada pagès, els donà un pavo, o quarto, (que molts arreplegaran cada dia) tenint los mossos de l'esquadra esta rendeta més...

Un dels rebomboris d'aquell segle a la ciutat s'esdevingué l'any 1835 i és el que permeté i obrí el pas a l'edificació del mercat de la Boqueria. El país era immers en una situació molt difícil com era la primera guerra civil carlina; el germà del difunt Ferran VII no acceptava que la dinastia borbònica passés a mans de la vídua, Maria Cristina, esclatant la primera i més llarga de les tres guerres civils carlines del s. XIX; el jovent fou enrolat als exèrcits en una bestiesa bèl·lica, com totes, que portà a la mort més de 80.000 persones en un país de 13 milions d'habitants. La ciutat es trobava en una de les situacions més greus dels darrers segles: manca de treball i d'habitatge, escassetat d'aliments, sous de misèria, i molts dels conreus de la pagesia abandonats. El cas és que al captard del 25 de juliol, una turba immensa sortia de la plaça del *Torín*, de la Barceloneta indignada perquè l'espectacle de toros i toreros havia sigut d'allò més dolent. Ja abans de sortir llençaren al mig de la plaça els bancs de fusta i tot allò que es podia arrencar. És evident que aquella fúria venia de molt abans; potser la sang dels braus, tant estúpidament sacrificats, va ser la gota que faltava per fer vessar el vas de tanta ràbia continguda. La major part dels assistents a la festa, més molts d'altres que s'hi anaren afegint a aquella sorollosa manifestació, emprengué un itinerari ignífer.

El sisè i darrer dels braus va ser arrossegat Rambles amunt on va ser cremat. A mitja nit cinc dels grans convents de la ciutat cremaven: Trinitaris descalços (actual solar que ocupa el Liceu), convent de sant Josep (mercat de la Boqueria), Agustins calçats (Carrer Hospital), el convent del Carme (en aquest carrer) i el convent de Santa Caterina dels dominics (futur mercat de santa Caterina). La gent veia els frares com a col·laboradors dels carlins i com a persones que gaudien de tota mena de privilegis sense que res no els hi faltés.

Als pocs dies corrien i es cantaven aquests versos:

> Dia de Sant Jaume
> de l'any trenta-cinc
> van fer una festa
> dintre del Torín;
> van sortir sis toros
> tots van ser dolents:
> i aquesta és la causa
> de cremar els convents.

De manera curiosa, però sobretot sospitosa, ni la tropa ni cap milícia sortí durant la nit per posar ordre. Van deixar fer, fins que les brases es consumiren.

Justament aquells mateixos dies el govern havia decretat que els convents que tinguessin menys de dotze frares o monges havien de ser abandonats i els solars i béns havien de passar a mans de l'Estat com a béns públics. I un any després es promulgava una llei desamortitzadora per la qual declarava en venda algunes de les propietats de l'església, entre elles totes les que a Barcelona havien estat cremades la nit de Sant Jaume de l'any anterior.

Sobradament coneixem el pes que l'església ha tingut damunt la societat. De manera que la més gran i antiga institució del món va reaccionar defensant-se amb aquella eina que ara faria riure però que llavors era temuda per molts: l'excomunió. Excomunió dels venedors, i excomunió de qualsevol qui comprés béns desamortitzats. Va haver-hi persones que compraven béns desamortitzats a través de tercers, testaferros, per tal de no veure's afectats pel possible malefici i no anar a l'infern. Però el pas ja estava fet.

En aquelles hores de tant trasbals, no tot eren desfetes; l'Ajuntament, empès pels corrents higienistes de l'època i per l'explícita realitat de com els aliments eren venuts en condicions gens propícies per a la salut barcelonina, endegà un pla de sanejament en el tractament dels articles indispensables per a la vida humana.

L'any 1827 el marquès de Campo Sagrado, home de plena confiança a la cort de Ferran VII, havia fet la primera reglamentació que havia de regir les 200 parades que llavors constituïen el mercat de la Boqueria, al mig de les Rambles; 100 eren de carn, 48 de peix i la resta de productes diversos. Les parades eren del municipi i es llogaven per sis anys.

L'Ajuntament de seguida veié l'oportunitat de resoldre el problema de l'immens desgavell que hi havia a la Rambla. A més, tenir un mercat, facilitaria recaptar més impostos si cadascun dels venedors tingués un lloc assignat i estiguessin tots aplegats. I mirant-ho des de l'altra banda, també els compradors ho tindrien més senzill i millor a l'hora d'escollir, comparar preus i fer l'adquisició dels aliments desitjats.

Després de la crema de 1835 l'Ajuntament aconseguí del govern de Madrid que el convent de sant Josep no fos subhastat sinó donat a la ciutat, argumentant el malestar que es vivia dins les muralles; això podria afluixar les greus tensions existents amb la capital que, a més, encara s'havien agreujat des la mort del dèspota Ferran VII:

> El mal estado de una gran parte del paseo de la Rambla por razón del mercado de venta de comestibles, hace tiempo que llama la atención del Cuerpo Municipal para procurar á la par de la limpieza, el desembarazo de aquel sitio de recreo.
>
> Mientras que se forma una plaza cual corresponde á la civilización del siglo, y á la culta Barcelona en el local que fué iglesia, huerto y convento de Carmelitas Descalzos, cedido á este objeto por S. M. al Escmo. Ayuntamiento, y sin que sirva de obstáculo á tan grandiosa obra, ha acordado este Cuerpo que se coloque desde luego el mercado en dicho

local, quedando únicamente en la Rambla junto á las barracas las revendedoras que actualmente existen en aquella línea, con facultad limitada de vender fruta seca y tierna de la estación, pero en manera alguna hortaliza ni otros artículos distintos del que comprende la indicada facultad.[3]

Malgrat el presumit anunci, les obres havien d'anar ben a poc a poc; la presència de barraques a la Rambla duraria encara molt de temps, anys; hem d'esperar el dia de sant Josep de 1840 perquè fos col·locada la primera pedra del mercat. Mentre, el consistori va promulgar una sèrie d'Avisos d'allò que ara en diem *Ordenances* que pretenien modernitzar les normatives anteriors en diferents apartats, com el tràfec de carros, edificacions, neteja dels carrers, empedrats nous i el seu manteniment, trasllat d'animals a l'escorxador de l'Esplanada[4] i d'aquest als mercats, etc.

La higiene era un dels temes preferents i això s'explica perquè de veritat, Barcelona era una ciutat bruta i les conseqüències s'evidenciaven en la gran mortalitat infantil i la quantitat de malalties infeccioses que afectava gran part de la població. Veiem per exemple un dels articles dels Avisos pel que fa a les deixalles de la Boqueria:

> Art. 14. Los desechos de las verduras que venden las hortelanas y otras personas en las plazas de mercado y otros puntos, es de cargo de aquellas el recogerlas y dejar limpio el puesto en que las venden; en inteligencia de que no haciéndolo así, incurrirá el que contravenga á esta disposición en la multa de 16 rs[5]., de la cual se aplicará una mitad al basurero de la demarcación respectiva, si hubiese verificado la limpia del puesto, como debe hacerlo en el caso de contravención á este artículo.[6] (DB., 5.1.1840)

Fixem-nos com l'escombriaire que recollia les deixalles que haurien d'haver recollit els venedors o venedores cobrava el 50% de la multa que s'imposava als infractors, en aquest cas 8 rals.

3 *El Guardia Nacional*, 3 juliol 1836. Aquest diari s'editá a Barcelona entre 1836 i 1841. Era defensor de l'ala progressista dels liberals; tenia seguidors que aviat s'inclourien en l'imminent Partido Democrático, per apostar després pel republicanisme.

4 El Passeig de l'Esplanada començava on avui hi ha l'Estació de França i seguint la direcció del carrer Comerç, finalitzava al Portal Nou, a tocar del carrer Rec Comtal.

5 Rs. o rs., abreviatura de 'real' el qual equivalia a vuit *cuartos* i mig. (Vegeu nota n. 9 sobre el 'cuarto')

6 *Diario de Barcelona*, 17 març 1836. Aquest diari aparegué el 1792, sent dels primers difusors impresos de notícies a Espanya. Es distingí pel seu tarannà conservador, fidel a la Corona i l'església.

És difícil per nosaltres fer-nos unes idees de com era aquella Rambla amb la diversitat de persones de totes classes socials i edats passejant, treballant, anant i venint, feta de murris, presumits, pobres i rics, capellans i renegaires, badocs, venedors ambulants, soldats rasos, municipals, cobradors de les barraques, escombriaires, encantadors de badocs, cantants, *charlatanes*... A la Rambla s'hi trobava de tot i era possible de vendre i comprar allò de més estrany i inusual.

Per exemple i en un mateix dia, el *Diario de Barcelona* anunciava: *Está de venta un piano de cuatro octavas y media: el sugeto que quiera comprarlo podrá acudir al director del mercado de la Bocaría, que dará razón de quien quiere deshacerse de él.* O bé, *En el depósito de sanguijuelas de la Rambla, frente Sta Mónica, se hallan sanguijuelas de superior calidad á seis pesetas*[7] *el ciento.*

Una normativa cívic-ciutadana

Tres anys després, el 1839, poc abans de començar les obres del nou mercat, l'Ajuntament aprovava, amb moltes discussions, una normativa municipal que comprenia 245 articles que afectaven a totes les activitats i moviments dels ciutadans de Barcelona. El seu títol era: *Bando general de los Alcaldes constitucionales de esta ciudad.* Els 30 articles primers anaven adreçats a les *Obras de edificios*; 38 a les *Precauciones para evitar los incendios*, una de les desgràcies més temudes a l'època, tant pels danys que ocasionava com per la seva freqüència; un dels articles deia que *las castañeras no podrán tostar las castañas en las calles, plazas, ni demás parajes públicos, bajo pena de 8 rs.*; amb aquesta mesura es prohibia fer foc damunt el terra dels carrers com s'havia fet fins llavors.

Seguien 34 articles més titulats, *Para evitar daños y riñas.* En aquest punt es deia que *queda prohibido coger palomos con trampa, ni de cualquier otro modo, bajo la multa de 12 rs. por cada uno, y obligación de devolverlos á sus dueños, en su defecto [se pagará] el doble valor que se señalase á aquellos*; l'afició a tenir coloms a la ciutat ja sabem que era molt gran, però també ho era la d'intentar caçar-los per cuinar-los o vendre'ls. Hi havia qui ensenyava als

7 *La peseta.* Una de les monedes de més curs va ser la peça, que valia vuit sous, i una altra, la peceta, diminutiu de peça equivalent a set sous o, de manera aproximada, la setmanada d'un treballador manual.

seus coloms a robar-ne d'altres, atraient o seduint altres congèneres fent que els seguissin fins el colomar de l'ensinistrador.

Trobem a continuació 21 normes més sobre la *Limpieza*: Així, l'article 111 deia: *No se podrán trasquilar en parage alguno público caballerías, perros ni otros animales, bajo pena de 10 rs.*

I el nº 113 afegia: *Los revendedores de pesca salada, ni otra persona, no podrán echar las aguas á la calle, sino á los sumideros que deberán tener para conducirlas á los albañales públicos, pozos de aguas sucias de sus casas, bajo pena de 12 rs.*

El Ban municipal també dedicava onze punts al *Ornato* de la ciutat; en aquest sentit, l'article 124 referia que *Tampoco se podrá peinar, afeitar, ni hacer otra cosa que desdiga de la decencia y limpieza en los mercados, pescaderías ni otros parages públicos, bajo pena de 10 rs.*

L'edicte consagrava dotze articles *Para la conservación del empedrado*; el 142 amenaçava *todo conductor de carruage cargado de piedras, maderas, tizones ú otros efectos de peso no podrá descargar de golpe sobre los empedrados, bajo la multa de 20 rs. y de recomponer á sus costas cuanto se deteriorase por su causa.*

S'ha d'entendre que l'empedrat de la ciutat era una finalitat prioritària en aquells anys i resultava costós el seu manteniment. Per tal de fer front a les despeses del terra dels carrers i places, l'Ajuntament va formalitzar una rifa popular que es sortejava cada dilluns al migdia al Consistori; un dels llocs de venda dels boletos era a la mateixa Boqueria.

Venien encara nou punts més dedicats a *Pesas y medidas*; com sigui que era una pràctica habitual el frau, l'Ajuntament, al menys de cara enfora, deia que les multes serien fortes: *Toda falta de peso en cualquiera especie de comestibles, tanto al por mayor como al por menor, esto es, hasta media onza*[8], *será castigada con pena discrecional, según las circunstancias y valor de la cosa vendida; y si escediere de dicha media onza se exigirán 20 rs. progresivamente por cada cuarto*[9] *que se hallare en falta, y pérdida de la cosa vendida.*

Arribem a un apartat molt sensible pels ciutadans; tretze articles dedicats a *El pan, la leche y el chocolate: Todo el pan que se venda, sea de la clase que fuere,*

---

8 L'unça feia 33 grams, de manera que 3 unces eren 100 grams i dotze unces feien una lliura. Oficialment, fins l'any 1871 no començà a adoptar-se a Barcelona el Sistema Mètric Decimal (SMD).

9 *Cuarto o quarto* era una antiga moneda fraccionària espanyola feta amb un aliatge de coure amb poca plata (*velló pobre*); tenia un valor de quatre maravedís. Mig *quarto* era un xavo (*ochavo*). En *quartos* es definien els preus dels queviures de primera necessitat.

deberá ser fabricado con harina de trigo de buena calidad, con esclusión de toda mezcla, bajo pena de 200 rs., [...] y el que lo vendiese mal amasado, ó mal cocido, incurrirá en la pena de 50 rs. y pérdida de todo el pan que tuviese tales defectos.

I als vinaters se'ls hi prohibeix allò que tots hem begut alguna vegada, com és el vi batejat: *Los taberneros, no podrán venderse vinos agrios viciados, ni que haya mezcla de agua ni otra cosa líquida ó sólida, bajo pena de 100 rs.*

Dinou obligacions per a aquells que tenen parades o *puestos* als mercats, excepte la primera que va destinada tant als venedors com als compradors, la clientela: *Se previene á todas las personas que vendan y compren en los mercados, que guarden la debida moderación y eviten rencillas é insultos, ni se propasen á proferir palabras indecorosas, bajo la pena a que dieren lugar segun fuese el esceso.*

Als peixaters i peixateres se'ls hi diu que *ninguna persona que venda pescado podrá tenerlo lavado, bajo pretesto alguno, ni guardar en el puesto de la venta, vasija ni porción alguna de agua, en pena de 20 rs. y el pescado lavado, perdido.*

També els venedors i revenedors d'ous quedaven afectats: *Los labradores ó forasteros vendedores de Volatería y huevos, podrán tener puestos cubiertos pagando el contingente señalado pero no se les precisará á hacerlo (...) Los revendedores de huevos y volatería que lo sean con gavias ó grandes canastos, deberán colocarse en los puestos cubiertos que se construyan al intento.* Els comerciants d'ous eren els *ouaires*, terme gairebé desaparegut. Els ouaires contaven els ous per *mans*; una mà eren 6 ous, que eren els que es podien i poden agafar a la vegada amb les dues mans del cos, és a dir tres a cada una, de manera que una dotzena d'ous eren dues mans, i sis dotzenes dotze mans. Els ouaires afirmaven que el seu patró era sant Ou. I és que antigament Ou era un nom, Eudald, que tenia, naturalment, el seu sant.

Encara sis articles més sobre *Artículos diferentes*, com per exemple sobre els matalassos, material que a l'època duraven diverses generacions: *Nadie podrá vender colchones con telas nuevas y lana vieja, sino con nueva; y solo podrá haber lana vieja con telas viejas. No podrá haber mezcla en ellos de pelo ni otra cosa alguna. Tampoco se podrán vender con pelo solo á no ser que fuese de macho cabrío, vulgo* crestat[10].

Hi havia pressa per endreçar la Rambla, i tan aviat com els carros s'enduien les últimes runes del que havia estat el convent de sant Josep, ja hi anaven entrant venedors i venedores:

10 Capat, castrat

En la plaza mercado de la Bocaría, entrando por la calle de la Morera en la misma línea que se han colocado las mesas de las gallineras, donde hoy en adelante se venderá carne de ternera de superior calidad, y se dará al precio de diez y nueve cuartos la tercia.[11] (DB., 18.2.1839)

La fira de sant Tomàs i la primera pedra de la Boqueria

La Boqueria no era l'únic lloc on es venien fruits, carns i peix, n'hi havia d'altres. Un era el Pedró, nom anterior al de la plaça, un indret molt important de comerç alimentari que nodria aquella barriada a la qual el Pla de la Boqueria i el nou mercat amb el mateix nom, li quedaven relativament lluny. Davant l'esglesiola del Pedró, a la plaça, hi havia tantes barraques com hi cabien que venien productes frescos, mentre que als dos costats edificats hi havia diverses botigues i magatzems, alguns majoristes, que distribuïen productes arribats la majoria al port.

El Pedró era un lloc de referència de Barcelona de la mateixa manera que ho era el Bornet –l'actual passeig del Born–, la plaça de la Constitució –avui de sant Jaume–, o la plaça del Palau.

L'any 1840 corrien veus que explicaven que l'Ajuntament volia posar ordre a la plaça; els venedors tenien por de ser expulsats i els veïns temor de perdre la proximitat del mercat del Pedró. Tots aquells sentiments tenien com a punt d'origen la inauguració del nou mercat de la Boqueria uns mesos abans. Una carta adreçada al Consistori barceloní, així ho expressava:

> Teniendo presentido que el Exmo. Ayuntamiento constitucional va á deliberar si se continuará ó no el mercado que S. E. mismo puso en la plaza del Padró de esta ciudad, es de esperar de su acreditado celo que continuará dicho mercado, máxime si se hace cargo de que la mayoría de aquella vecindad es de la clase proletaria á la cual tan precioso le es el tiempo para ganar el sustento, y no tener que ir al menos á la Boquería que dista largo trecho. Un vecino.[12]

11 La terça era de la mateixa mida que la lliura però només es feia servir per a pesar carn. Recordem que la lliura carnissera equivalia a 1,2 kg., mentre que la lliura genèrica, representava 0,4 kg.

12 *El Constitucional*, 7 agost 1840. – Diari barceloní aparegut al promulgar-se la nova Constitució el 1837. Fundat pel metge-higienista Felip Monlau, progressista i defensor de la vida i salut dels treballadors. El darrer número sortí el 1843.

Mereix un treball apart la història de la plaça i barri del Pedró; descriure fins on es pugui la fesomia de la seva gent a través de les relacions socials, la grandesa i misèries de les seves vides amb allò que els feia sentir feliços o desgraciats, mereix un esforç que deixem com a propòsit per un altre dia.

No hem de confondre el Bornet amb el Mercat del Born; aquest últim va ser inaugurat l'any 1876 després d'iniciar-se l'any 1868 l'aterrament dels baluards, muralles i edificacions militars de la Ciutadella.

El Bornet era un eixam de parades, barraques, taulells i botigues esteses en el que ara és el passeig del Born, la placeta de Montcada i el carrer del Rec. Era el mercat del barri de la Ribera on hi havia queviures de bona qualitat, com carns, aviram divers, caça major i menor, verdures, gra, fruites, etc. Els vaixells que feien escala a Barcelona s'abastien allí de menjar per a les seves properes travesses; també ho feien les tropes de la Ciutadella.

Degut a les protestes pel mal estat, en general, de les parades de peix i la seva manca d'higiene, es va construir un mercat d'obra coberta per despatxar el peix; es va aixecar on ara hi ha les finques que separen el carrer del Rec i l'actual carrer Comerç, propera a la cantonada del passeig del Born; al costat hi havia magatzems i botigues de pesca salada. El nou mercat de peix era generós en capacitat ja que, tenia 82 parades que disposaven d'aigua gràcies a la proximitat del Rec Comtal, qüestió ben diferent del mercat de la Boqueria que va haver d'esperar una colla d'anys perquè l'aigua hi arribés.

No podem passar per alt el gran espai recuperat de santa Caterina quan el seu convent també va ser cremat la mateixa nit que el de sant Josep. L'alliberament d'aquell cenobi també va permetre que d'immediat s'hi instal·lessin parades de carns, peixos, fruites i verdures. Les autoritats van batejar la plaça amb el nom de la futura reina Isabel II, però la memòria dels veïns fou més forta, imposant-se la titularitat que sempre havia tingut una de les centralitats barcelonines.

I naturalment, encara hi havia el mercat de la Barceloneta, el qual es reunia a la vella plaça Major, més o menys al lloc on l'any 1887 es va reinaugurar amb l'actual estructura metàl·lica.

Trobem com l'any 1838, per primera vegada, s'anuncia l'existència d'una fira a la ciutat que es celebrava des del dia 21 de desembre, dia de sant Tomàs, fins el 24 a la nit, Nadal. La gent omplia els carrers per veure la gran quantitat de parades que assortien d'articles, taules i aparadors. I si bé és cert que els menjars eren l'atracció principal, hi havia també tota mena de productes diferents, com aquest que anunciava la premsa:

> VENTAS EN LA PLAZA DE LA CONSTITUCION ó sea de S. Jaime, los cuatro días de feria, en una parada, se venderán fuentes (vulgo platas), palanganas, jarros, bacinillas de pipa fina, inglesa, á suma baratura.

Venia gent de fora, que ajuntant-se amb la barcelonina feia que l'Ajuntament hagués de tancar nombrosos carrers prohibint-hi el pas de carros i camàlics[13] carregats:

> Por la numerosa concurrencia de personas que en los dias de la feria de esta ciudad recorren las calles de Escudellers, Bocaría, Call, Libretería, Bajada de la Cárcel, plaza del Angel, Platería, Sombrerers, plazuela de Moncada, Borne, Bornet, Espasería y frente de Santa Maria, queda prohibido absolutamente durante dicha feria, desde las once de la mañana el tránsito de caballerías y carruages en todas direcciones por dichas calles, así como las personas cargadas con bultos que puedan incomodar ó ensuciar á los transeuntes, bajo la multa al contraventor de veinte reales vellon. (DB., 20.12.1838)

Així era rebuda l'arribada d'aquell esdeveniment:

> "Hoy empieza la feria, hoy comienza el movimiento, la bulla, la algazara con que se puebla Barcelona, la cual da hospitalidad á centenares de forasteros, á lindas payesas del llano durante esos sus dias de febril animacion..." (DB., 21.12.1851)

La importància d'aquells dies, sembla que sobrepassava la del Carnestoltes,

> (...) La fiesta de Santo Tomás, es sin disputa alguna el dia mas animado y bullicioso del año, pues que en él se inaugura en Barcelona el primer dia de la feria, y todas las calles, plazas y paseos presentan un carácter de movimiento y de actividad, que dá una muestra tan hermosa como grande de la vida industrial de sus numerosos habitantes. (...) esos mercados tan abundantemente provistos de toda especie de vituallas. Barcelona hace gala en estos cuatro días, de la importancia de que se halla revestida, y de que no sin motivo se le dá el título de primera ciudad de España. Por esta razón sin duda, y atraidos por la justa fama de que disfruta, vienen á visitarla en estos cuatro dias tantos y tantos forasteros de diferentes puntos

13 Els camàlics eren mossos que transportaven d'un lloc a un altre objectes de pes a coll o ajudats per un carretó.

> En la Esplanada y en la Bocaría se establecen pacíficamente los reforzados enjambres de pavos y capones, que en el presente año han aparecido en numero importante. (...) (DB., 22.12.1851)

El carrer de l'Argenteria tenia algunes botigues que oferien treballs d'orfebreria que eren l'encantament de la burgesia; al Call s'hi trobaven puntes de coixí, passamaneria i botons, i si haguéssim anat a Jaume I i Ferran ens haguéssim firat amb teixits i sedes de bona qualitat.

Cap a principis dels anys seixanta d'aquell segle la fira inicià una decadència; els comerciants que no es dedicaven a l'alimentació veien com l'esforç que feien per propagar i presentar els articles que oferien, no el compensava; cada any més la gent dedicava els diners que tenien, a la compra del gall dindi o aviram amb el farciment adient; als torrons, neules, vins... La fira de 1862 ja va ser el preludi del final de la fira de sant Tomàs, quedant només aquelles vigílies dedicades pràcticament a la cuina: *La feria se presentó ayer mas animada, pero no tanto como los años anteriores. El paseo estuvo bastante concurrido: las manadas de pavos aparecieron ya muy mermadas; en cambio en el paseo de San Juan y en la Rambla de los Estudios era mucho mas abundante la provision de caza y de volatería de todas clases.*

* * *

I arribà el dia promès i tan esperat: El dia de sant Josep, 19 de març de 1840. Les autoritats aprofitaren la festa per posar la primera pedra del nou mercat i fer un acte patriòtic, perquè els protagonistes d'aquell dia foren els militars. Feia mig any que s'havia acabat la tràgica primera guerra carlina i el país seguia sota la dictadura castrense. L'Ajuntament, que estava sotmès en tota decisió més o menys important a les directrius militars, va convidar l'estament que va aparèixer eclipsant les autoritats municipals:

> (...) concurrieron en ellas el día 19 el Excmo. Sr. General D. Pedro María de Pastors en representación de la autoridad superior militar, acompañado de otros señores Generales, Gefes y Oficiales; el M. I. Sr. Regente y algunos señores Ministros de la Audiencia Territorial y Jueces de primera instancia (...) se emprendió la marcha á las doce y cuarto, rompiéndola los batidores del escuadrón de la Milicia nacional y por su orden las compañías de preferencia de los batallones 1º y 2º de la misma con sus respectivos gastadores, banda y música, intermediando á la fuerza de estos dos Cuerpos una compañía de la milicia de Artillería. (...) La comitiva, que cerraban las compañías de preferencia de los batallones 3º, 4º y 5º de la Milicia nacional,

también con sus respectivos gastadores, banda y música, y el escuadrón de Lanceros de la misma Milicia, se dirigió por la calle del Obispo, plaza Nueva, Call y dels Archs, plaza y calle de Santa Ana y Rambla, hasta el punto de la plaza Mercado. (DB., 21.3.1840)

El *Gefe superior político* va fer el discurs central i el més llarg de l'acte. De la Boqueria poc se'n parlà; sabem que quan s'invoca una i altra vegada la *Patria*, malament: s'amaguen realitats ingrates i aquelles que es tapen acostumen a ser les més importants, com són el malestar general, repressions, atur, greus diferències socials, els preus dels aliments, etc. *Patria* és una paraula carregada d'ideologia que dóna peu a l'arbitrarietat i a actuacions autoritàries despòtiques. En nom d'aquella, quants milions d'humans no han estat enviats al dolor i a la mort mitjançant les guerres i en nom de la defensa de les colònies... tot per la *Patria*.

Hi hagué propostes ciutadanes perquè el nou espai fos nomenat Plaça del Treball, però a qui manava de veritat li semblà que portaria menys problemes i més sort si l'espai quedava en mans de sant Josep.

Sí, es va posar la primera pedra. Tres dies després va sortir a subhasta el subministrament de la pedra per construir sis columnes de l'espai interior del mercat; serien part de les 62 columnes jòniques que avui, de manera inacabada, envolten i formen la plaça del mercat central. Però l'Ajuntament posava un preu tan baix com a punt de sortida que la subhasta es va haver de repetir diverses vegades fins que algú o alguns van creure que s'hi podrien guanyar la vida. Els blocs s'havien d'arrencar de les entranyes de la muntanya de Montjuïc i portar-los al mateix lloc on s'havien d'aixecar; els picapedrers els havien d'arrodonir perfectament convertint-los en cilindres amb un gruix de 73 cm. de diàmetre i una alçada total de 6 metres, dividits en trams de dos metres (EC., 22.3.1840).

També entrà en subhasta *130 palos destinados á sostener los toldos del mercado de la Boquería*. Perquè aquell primer mercat era en bona part a cel-ras i en part sota tendals. L'any 1914 es bastí l'entramat de ferro que sostindria les grans cobertes que ara ombregen les parades.

Aquell mercat que s'anava formant era, però, molt deficient, ni tan sols estava empedrat, no hi havia aigua, i cap il·luminació. Al menys a la Rambla hi havia un enllumenat d'oli que encara que feia poca llum, les seves metxes enceses eren punts de referència. Però a la nova Boqueria li faltaven encara molts anys perquè el gas ciutat hi arribés, de manera que l'horari de la Boqueria anava amb la llum solar. Els carrerons de la ciutat, vespre i nit, feien respecte de passar-hi; la compra d'oli per a l'enllumenat per part de l'administració local era una altra despesa molt significant:

> AVISOS AL PUBLICO. Habiendo resuelto el Excmo. Ayuntamiento constitucional provisional la compra de una partida de aceite para el alumbrado público de esta ciudad, los sugetos que deseen venderlo podrán acudir á la secretaria del Cuerpo Municipal el dia 26 del corriente a las doce de su mañana, en la que se admitirán las preposiciones que quisiesen hacer de la cantidad y precio, (...) Barcelona á 24 de enero de 1837. (DB., 25.1.1837)

A l'anar-se traslladant les parades al mercat es produí allò que tots hem viscut diverses vegades: l'encariment sobtat dels productes. Fent un salt en el temps, pensem ara en el pas de la pesseta a l'euro, quan tot allò que valia unes 100 pessetes, com era un enciam, un quilo de tomàquets o un cafè, passà de la nit al dia, a valer un euro, és a dir 166 ptes. Era un dels preus a pagar perquè ens sentíssim més moderns. Una cosa semblant anava passant dins la Boqueria, llavors les autoritats feren les recomanacions, tan moralistes com inútils, als paradistes:

> Siendo tan abundante el mercado que ofrece constantemente Barcelona y no pudiendo alterar los precios de los comestibles y objetos de primera necesidad el número de personas que entrarán de nuevo á formarse parte en el consumo de esta capital, se observará con particular cuidado á los vendedores, que en grave daño de las clases pobres, pretendiesen aprovecharse y tomar por pretesto estas circunstancias, para satisfacer miras de codicia de sórdido interés. (DB., 28.6.1840)

A les darreries de juny de 1840 la premsa explicava que havien arribat a Barcelona la escelsa *Cristina la madre de los Españoles, la inocente Isabel y su esclarecida hermana la infanta Luisa Fernanda*. Aquella nit aparegueren penjats d'alguns arbres de la Rambla, ben a prop de la Boqueria, un seguit de cartells amb escrits contraris a la visita de la monarquia espanyola a Barcelona, a la vegada que demanaven el retorn a la Constitució liberal de Cádiz de 1812 i que el Borbó Ferran VII, "el Deseado" –un dels reis més odiats de la monarquia espanyola– l'havia abolit, per retornar al fanatisme, la por i la decadència de la monarquia borbònica. La premsa reaccionària, com el *Diario de Barcelona*, titllà d'agosarat l'atreviment nocturn de criticar la visita de la reina vídua a la nostra ciutat i el qualificà com *obra de murciélagos*. Pensem que a l'escut de l'Ajuntament de Barcelona hi havia la figura d'un rat-penat; i és que l'Ajuntament d'aquells anys era força progressista si el posem al costat de les institucions de la reialesa espanyola envoltada d'una cort de militars i llepa-culs.

Però, quina era la clientela de la Boqueria? Era molt diversa, heterogènia; el mercat, per exemple, subministrava la major part dels aliments que consumien els 3 o 4.000 soldats i oficials de la caserna de les Drassanes, llavors dit oficialment *Fuerte de Atarazanas y Maeztranza*. També moltes de les fondes de Barcelona s'abastien dels queviures de la Boqueria, com per exemple la *Fonda de las Cuatro Naciones*, a la Rambla, on hi feien estada personatges il·lustrats que s'estaven uns dies a la ciutat. Sembla que fou el cas de Bakunin el 1870 i sens cap mena de dubte s'hi hostatjà Einstein el 1923. També teníem la *Fonda del Oriente*, i *El Falcón*. Aquestes tres més endavant passaren a substituir el prenom de Fonda pel d'Hotel. El *Gran Hotel Falcón*, situat a la plaça del Teatre, el 1936 fou convertit en la seu del Partit obrer unificat de Catalunya (POUM). També a la ciutat hi havia molts hostals, que oferien els mateixos serveis, i amb menys luxe hi havia moltes altres fondes escampades per tota la ciutat. També hi havia, amb molta més austeritat, les *cases de dispesa o despeses*, que eren domicilis d'una família la qual llogava una part als hostes, normalment només per dormir. I no podem oblidar la gran quantitat d'establiments dedicats al comerç de la restauració. Volem significar amb tot això, que era important la part de venda del nostre mercat destinat al consum extra-familiar.

Evidentment, però, que les compres familiars eren les que s'enduien la major part de l'alimentació, i que per altra banda es feia en quantitats petites, ben diferents a les ressenyades abans. Aquestes famílies eren les que no estaven molt lluny de la Boqueria; el transport de personal per l'interior de la ciutat era pràcticament inexistent fins que no es completà l'aterrament de les muralles. Llavors començaren arribar a la Boqueria persones d'altres viles, com era el cas de Gràcia; un servei de carruatges començà l'any 1872 a fer el trajecte des de la Barceloneta fins aquella població, passant per la Rambla.

Un comerciant de Madrid visità Barcelona l'estiu de l'any 1857; sorprèn la visió que va tenir de la nostra ciutat, inclosa la Boqueria:

> Apenas se reflejan en las copas de sus árboles los primeros rayos del sol, la Rambla se vé favorecida por un inmenso gentío, que la cruza en todas direcciones, y que no la abandona hasta después de muy entrada la noche, contribuyendo no poco á darle una fisonomía risueña y alegre el gran mercado de la Boquería á que da entrada, el bello y majestuoso templo de Belén, la grandiosa casa conocida

> por la del Virey, (...) Agreguen Vds. á esto, mis queridos amigos, casas hermosas, algunas muy modernas, tiradas á cordel en toda la estension de la linea, tiendas, establecimientos públicos y cafés, adornados con oriental lujo y con un gusto singular; y por último, el movimiento constante de mas de doscientos ómnibus que á cuatro y seis cuartos el asiento conducen viajeros á todas partes (...)[14]

Hi ha unes dades valuoses que ens les va proporcionar Ildefons Cerdà en el seu extraordinari treball, precursor de la sociologia, sobre les condicions de vida de la classe treballadora a Barcelona a la dècada dels anys 1850-60. Després d'entrevistar milers de famílies treballadores, conclou que l'alimentació representava el 55% dels costos d'una família respecte els seus ingressos.[15] Això ens manifesta que el menjar era el principal objectiu per poder subsistir, i que això comportava que els robatoris de diners per poder comprar queviures o de queviures directament, fossin continuats. Avui les coses han canviat, sabem que allò més car és l'habitatge. I pel que fa al treball, segons Benet i Martí,[16] el 1856 es treballava 12 hores diàries i 9 els dissabtes. Al 1873, la Unión Manufacturera acordà amb els fabricants de Barcelona una jornada d'11 hores, que després de la vaga de 1887 es convertí en una d'11 i mitja a canvi de recuperar el pagament dels dies festius que havia suprimit l'empresa.[17]

La Boqueria pren volada: les carns

En termes generals, els primers paradistes de la Boqueria foren pagesos del Pla de Barcelona, prop d'un centenar. Malgrat que les noves fàbriques

14 *La Corona. Periódico liberal*, 1 octubre 1857. *La Corona*, fou la continuació del diari *La Corona de Aragón*, que havia dirigit Víctor Balaguer; *La Corona* era portaveu del progressisme catalanista i proper al Partido Progresista. Més tard es fusionà amb *La Crónica de Cataluña*, també liberal, agafant aquest darrer títol.

15 Cerdà, Ildefonso: *Monografía estadística de la clase obrera de Barcelona en 1856,* dins de *Teoría general de la urbanización y aplicación de sus principios y doctrinas a la reforma y ensanche de Barcelona.* Madrid: Imprenta Española, 1867. Reeditat per l'Instituto de Estudios Fiscales, 1968-1971. Madrid

16 Benet, Josep – Martí, Casimir: *Barcelona a mitjan del segle XIX (1854-1856).* Curial, Barcelona, 1976

17 Borderías, Cristina – Sarasúa, Carmen: *Salarios de mujeres y hombres en la provincia de Barcelona, segunda mitad del siglo XIX.* VIII Congreso de la Asoc. Española de Hª Económica, 2005.

La Boqueria quan encara no era coberta. Vers el 1890

anaven ocupant el terreny agrícola del Raval, encara quedaven hortes que eren conreades per pagesos que cada dia portaven els productes al mercat. Les hortes de sant Beltran abastien amb abundància les parades de la Boqueria. Altres fruits de la terra venien d'indrets de l'immens territori que aviat es transformaria en l'Eixample de la ciutat; també n'arribaven d'Horta, Gràcia, Sant Martí de Provençals, Sant Andreu, el Prat... Hem d'imaginar l'ingent esforç que suposava el transport amb animals des de cada un d'aquells paratges al mercat, les corrues de carros que es formaven a mida que cada matinada s'anaven apropant a les portes de sant Antoni i santa Anna principalment. Llavors tocava pagar els impostos a les barraques dites dels burots per l'entrada d'aliments a la ciutat, quan aquella gent el que feien era un insubstituïble servei. Molts eren els ciutadans que protestaven per aquells abusos: *Desearía que se inventase una palabra para denominar el derecho que sobre frutas y verduras se cobra en algunas puertas de esta ciudad. Si no me entienden Vds. pregunten á las labradoras y labradores que cada mañana entran á vender en esta ciudad y se lo dirán mas claro. Tambien esto lo han visto estos ojos pecadores que ha de comer la tierra.* (DB., 15.9.1839)

En realitat en comptes d'haver pagat, haurien d'haver cobrat. Però les despeses no s'havien acabat perquè després havien de tornar a pagar per tenir dret a una parada i poder vendre. Tot plegat, com anirem veient, generava corrupció la qual a la fi requeia, com sempre, en el poble menut.

Després teníem els que ara en diem carnissers; a l'època a la que ens referim, a la premsa en deien *cortantes o cortadores*, els venedors de carn. Llavors la carn no era abundant a Barcelona, de manera que hi havia un control per part de l'Ajuntament força estricte; aquest control comprenia també l'aspecte sanitari; era freqüent la venda de carns en estat més que sospitós. Aquestes són les raons de les múltiples disposicions i normes fiscals i higièniques que es promulgaven.

Segons la normativa del mes de maig de 1839, cada parada sols podia vendre una mena de carn, ja fos vedella, bou, vaca o moltó. Trobem per exemple dues parades de carn l'una al costat de l'altra, però amb carns diferents,

> En las dos mesas de vender carne que hay debajo del arco ó puente de Santa María del Mar, que dan espaldas al cementerio de las Moreras, se continua la venta de carne de carnero de superior calidad, en la una al precio de 20 cuartos la tercia, y en la otra la carne de ternera á 19 cuartos la tercia. (DB., 3.4.1839)

El xai i el porc tenien una reglamentació a part. Cada quart d'animal s'havia de marcar a foc abans de sortir de l'escorxador; aquest estava situat on ara es troben el passeig Picasso –entre l'antic Born i el parc de la Ciutadella– i el del marquès de l'Argentera, on hi ha l'Estació de França. No podien entrar a la ciutat carns mortes de cap mena, ni que fossin fresques, i les multes per l'incompliment de la normativa eren de 60 rals més la confiscació de la carn afectada; la venda de carn en males condicions, 100 rals. Eren quantitats molt considerables. I encara hi havia una barraca o parada de l'Ajuntament amb balances públiques al servei dels compradors per comprovar si el pes i la qualitat dels articles adquirits eren justos:

> Cualquiera podrá acercarse á los repesos establecidos por el Excmo. Ayuntamiento para asegurarse de la buena calidad y peso de los efectos que hubiese comprado, cuyos encargados lo verificarán sin ningún emolumento. Quedan también estos en la obligación de repesar cuanto consideren oportuno, en utilidad del público, en cumplimiento de su deber. (DB., 16.5.1839)

La carn de porc tenia un altre tractament. D'entrada, era una carn que per part de les autoritats era sospitosa de portar malalties i podia ser dolenta per a la salut. Eren èpoques de pestes, epidèmies que duien un nivell de mortalitat molt gran; sabem que la febre groga de 1821 es va endur, sols a Barcelona, 6.244 persones, un 7,2% de la ciutat, i el còlera de 1834 n'arrossegà 3.521, equivalent al 3%; això era molta gent, i explicaria en bona part que el tema de la mort fos molt present a la societat. La doctrina dels catòlics aprofitava tanta desgràcia per atribuir-la als suposats pecats i disbauxes del poble, sobretot de les classes que precisament més patien en vida i que de tant en tant s'avalotaven contra les autoritats.

El matador era el responsable de conèixer si el porc tenia alguna malaltia; la més habitual de totes era la del *porc mesell,* és a dir, portador del paràsit dit «triquina», encara que també podien haver-hi altres malalties. En qualsevol anomalia sanitària que detectés havia de lliurar l'animal a la Casa dels Gegants, a la plaça de les Beates; allà, en un pati, el tenien en observació i si durant dos mesos no veien res de dolent, el retornaven a l'escorxador.

Albert Saisset,[18] poeta de Perpinyà, explicava en uns versets la il·lusió vana que li va suposar la pretesa sort d'haver tret un porc en una rifa:

> Mes, quan ve el moment de la ganivetada,
> ai! si m'haguéssiu vist! Quina cara apurada!
> Adéu llonganissa i budell:
> aqueix bergant era mesell!

Les classes benestants i bona part de la burgesia barcelonina estaven moralitzats i entenien que calia auxiliar els més desvalguts, malalts i les noies i dones esgarriades. Pel que fa a l'alimentació de les carns, la compra i la ingesta de menuts o entranyes (*despojos, redaño*s), pel seu preu eren l'única possibilitat de fer front a les anèmies, falta de proteïnes i altres mancances:

> Los sugetos que quieran encargarse de la provisión de carne de carnero en las mesas de preferencia de los mercados del Borne y de la Boquería, y obligarse al propio tiempo al suministro de redaños[19] a los enfermos, bajo un sistema tan satisfactorio que proporcione el alivio a los dolientes, podrán presentar, por el término de ocho

18 http://rodamots.cat/escreix/altres-significats-de-mesell/

19 *Redaño* significa els menuts, les entranyes dels animals.

días, proposiciones bajo pliego cerrado á la secretaría del Cuerpo municipal. (EC., 17.1.1840)

No sabem res de la qualitat i eficàcia del següent servei que l'Ajuntament oferia als malalts:

> Avisos al público. El local destinado entre otros para facilitar los redaños de carnero a los enfermos por la noche, en los casos de necesidad, que hasta ahora se hallaba situado en la casa num. 14 de la calle Cremat, se ha trasladado á la de Tantarantana número 19. (DB., 4.2.1835)

Una setmana després de la inauguració militar de la Boqueria, el Cos municipal posava a subhasta l'assortiment de carn de moltó o carner, bou i vedella, als mercats del Born i la Boqueria. L'Ajuntament es comprometia facilitar les taules als que haguessin fet les millors propostes. Però com solia sovint passar, la subhasta quedà deserta al considerar els aspirants que els preus de sortida eren massa alts per poder afrontar el negoci.

Hi havia a Barcelona, de molts anys enrere, una tradició relacionada amb el dia de la Pasqua de resurrecció i unes setmanes després la de Pentacosta segons els rituals de l'església catòlica; en aquelles diades de Pasqua, els creients menjaven xai o corder com a plat central, un dels signes i símbols d'aquella religió. I per donar importància a aquest fet, a les vigílies de la festa es feia una ordenada entrada a la ciutat d'un gran ramat d'aquells animals a l'escorxador on eren sacrificats. La venda de la llana i la pell dels animals, en aquell cas, era destinada a causes benèfiques. Ara bé, per poder vendre aquella carn, que es feia de manera exclusiva almenys en aquell any 1840 a la plaça de la Ciutat o de sant Jaume, calia inscriure's dies abans a les oficines municipals.

En realitat, ja sigui perquè es va inscriure un nombre important de persones que volia despatxar corder o per no concentrar la venda en un sol punt de la ciutat, finalment es van instal·lar sis taulells a la Boqueria i alguns més al carrer Condal entrant per la desapareguda plaça de santa Anna (avui Via Laietana) i al carrer de santa Anna, davant l'església. El preu fixat fou de 19 *cuartos* la terça (2,25 rals els 400 grams o sigui a 5,62 rals el quilo). Recordem que a la mateixa plaça del Rei, també hi havia un espai on es venia carn de bona qualitat. Feia menys de cent anys que a la mateixa plaça el Tribunal de la Inquisició havia assassinat persones acusades d'haver-se desviat de l'ortodòxia catòlica.

> El viernes dia 11 se hace saber al público, que de hoy en adelante, habrá 7 mesas de carne de Buey, en cada plaza de mercado del Borne y de la Bocaría al precio de 17 cuartos la tercia, asi mismo 7 de carnero, en cada plaza de las dos dichas al precio de 21 cuartos la tercia. (EC., 11.6.1841)

Els corders quan entraven a la ciutat havien de pagar una tassa per cap, però els qui portaven els animals se les enginyaven per pagar el menys possible. Dos anys després, 1842, degut també a l'augment de població però sobretot al frau que es practicava a l'entrada d'aquells animals a la ciutat, el control es va estrènyer. S'introduí l'obligació d'entrar tots els animals per la Porta Nova on serien censats amb el nom del propietari del ramat, portats a l'escorxador i tot seguit als llocs habituals de venda de carn, excepte precisament la Boqueria i el Born. Els animals no venuts, però vius, tornarien a sortir per la mateixa porta, on s'havien de contrastar amb el cens del dia d'entrada ajustant les diferències.

Sabem que era força habitual la cria d'aviram als balcons i als terrats de les cases, normalment per a propi consum; però qui tenia espai, alimentava tots els que podia per portar-los a vendre quan fossin crescuts. La normativa, però, deia que "*Se prohíbe, bajo igual pena de 20 rs. el que se vendan en dichos puestos ni en ningún otro de la ciudad, conejos caseros muertos.*" I també, respecte als de caça, "*Los vendedores de dicha caza deberán ponerla toda de manifiesto, bajo pena de 20 rs. y pérdida de la caza ocultada.*"

Les freixures, menuts o *despojos* són les entranyes dels animals dels que parlem, especialment els pulmons; altres parts eren el cap, les potes, la llengua, el blanquet,[20] la sang, el llibret (part de l'estómac dels remugants), els budells, el cervell, el cor, elements que no eren apreciats –ni ho són encara– per la major part de la clientela. Uns mesos després, s'anunciava una altra disposició municipal:

> El Escmo. Ayuntamiento constitucional previene al público que desde el día de mañana, 3 del corriente, estarán de venta despojos de carneros, y macho cabrío en el matadero, en el ex-convento de Capuchinos, en la plaza del mercado de san José, y en el llamado Fosal de las Moreras, advirtiendo que los precios de cada fracción de despojo serán señalados en la tablilla que con el distintivo de las armas de la Ciudad, estará de manifiesto en dichos puntos. (EC., 3.5.1840)

20 Greixets del coll, lletons

Mentrestant, la Boqueria s'anava assentant i l'Ajuntament, amb un esforç que no tenia massa precedents donava comptes a la ciutadania de les despeses de l'any anterior, 1840; n'assenyalem algunes de ben inútils en una societat de la qual una gran part tenia prou feina per poder menjar,

> (...) Los gastos hechos en la plaza mercado de San José importaron 81.886 rs. 21 mrs.; las obras interiores y frontis de la Casa Consistorial, 263.452 rs. 33 mrs.; la nueva lápida de la Constitucion costó 13.609 rs.; (...) La corona de oro y esmalte regalada al duque de la Victoria costó 25.708 rs; el brazalete que estaba destinado para regalar á Cristina costó 11.664 rs. Tambien es curioso saber que el importe de gastos para la festividad del Corpus, Santa Eulalia, San Francisco de Paula y Purísima Concepcion asciende á 18.918 rs. (...) (DB., 29.9.1841)

El pa, la llet i el peix

El pa sempre ha tingut un valor simbòlic com a element bàsic per a la subsistència dels humans, però sobretot un valor real a la nostra cultura. Una casa podia tirar endavant sense peix, o sense ous o sense carn, però mai no podia faltar el pa. Malgrat això, –o precisament per això– el pa sempre ha estat objecte de discussions, fraus en les quantitats i qualitats, estraperlo en èpoques de conflictes; moltes religions l'han sacralitzat i convertit en centre de rituals i culte, etc. Als presidis la condemna a pa i aigua era d'allò més greu a que es podia condemnar un reu, era i és reduir la víctima a no morir simplement, gràcies als dos elements bàsics i insubstituïbles de la naturalesa.

A la Barcelona que tractem, aquest element estava gravat amb forts impostos pel govern. Ja feia uns segles que la ciutat clamava perquè els greuges sobre el pa fossin eliminats; recordem que aquesta fou la causa original i principal dels anomenats *Rebomboris del pa* el 1789 a Barcelona, que portà a l'execució infamant de cinc homes i una dona per part del nou capità general, Francisco Lacy.

Entre 1820 i 1823 amb la reinstauració de la Constitució liberal de Cádiz, l'Ajuntament de la ciutat autoritzà la importació de blat de l'estranger per fer front als abusos dels preus del blat que comportava l'encariment del pa; això motivà una protesta dels proteccionistes i acaparadors d'aquell producte.

L'abril de 1840 i a proposta dels progressistes de Madrid s'anomenà una comissió per estudiar el projecte d'abolició de l'impost sobre el pa i

Les «burres de la llet» del carrer de'n Robador, n. 49

l'aigua. Passaren anys i més anys i la veritat és que no ens consta que aquella comissió aconseguís cap objectiu. Pitjor encara, l'agost de 1841 la Diputació de Barcelona enviava una circular a la premsa dient que el preu del pa era escandalós, i més precisament en una època en que el blat era abundant i el seu preu molt favorable, i disposava que a partir de primers de l'any següent seria lliure l'elaboració i la venda del pa; fins i tot que els ajuntaments, quan consideressin que els preus tornaven a ser un abús, podrien fixar-los d'acord amb el cost del blat;[21] i en èpoques de greus penúries d'aquest podrien subvenir el pa estirant els fons comunals.

A més del blat, també el sègol era molt emprat. En canvi, l'avui apreciada espelta era tan poc valorada que es conreava com a farratge pels animals. Ho veiem en moltes de les subhastes que es duien a terme en les terres de convents desamortitzats que eren treballades per gent dels pobles veïns, terres que moltes vegades eren lluny del convent o monestir, com eren les de Montserrat, de Sant Pere de les Puel·les o de Santa Anna. Les collites eren posades a la venda pel govern el qual fixava preus mínims com a punt de sortida:

> la postura deberá cubrir la cantidad de 40 rs. [reales] por cuartera de trigo, 18 rs. por cada una de avena ó cebada, 10 rs. por cada una de espelta, 7 rs. por cada gallina y 10 rs. por cada capon; (...) (DB., 4.6.1839)

21 La Diputació s'emparava amb un decret de gener de 1834 pel qual els privilegis dels gremis quedaven sospesos, excepte precisament el dels forners.

Sabem que l'any 1859, *el pan de tres libras de 1ª, 2ª y 3ª clase pudo venderse respectivamente á 19, 17 y 15 cuartos uno.* De manera genèrica podem dir que el pa de 1ª era el blanc, el fet amb farina de blat, neta de segó que és la pell o closca de la grana, la part més saludable per a nosaltres segon els dietistes d'avui; després hi havia el pa de barreja o de mestall, fet de farina barrejada, com farina i dacsa –blat de moro– o farina i ordi; el de tercera categoria era el de família: pa moreno de mestall d'inferior qualitat. Encara, i ja fora de ser homologat, quedava l'infamant *pa de munició* que era el que consumien els soldats i els presos. Era aquest pa el que era més objecte d'adulteracions i per tant de beneficis en la llarga cadena que anava des de la subhasta de la matèria prima fins a l'entrada a les casernes i presidis. A mitjan del segle XIX els forners venien el pa en peces de tres unces, mitja lliura, una lliura, lliura i mitja per arribar, de mitja en mitja, al de sis lliures. Ara bé, als mercats es venia el *pa de família* que arribava a fer 9 lliures el qual avui representaria tres quilos i mig.

* * *

Encara que no tan estimada com el vi per la major part dels homes, la llet era una necessitat de vida pels més petits; quan la mare per les raons que fossin no podia alletar els fills, es buscava una dida, feina que encara que no molt ben pagada, donava ocupació a moltes noies i dones que estaven físicament en condicions de fer-ho i a més els hi convenia. Més endavant, durant uns any, la canalla seguia prenent llet que calia comprar; també es recomanava davant èpoques d'algunes malalties com la tuberculosi, tan freqüent en aquells anys, o algunes hepatitis. Ho explicava bé la dita "*la llet de burra a la nit, al malalt estova el pit*".

La llet de burra tenia encara una condició afegida que complicava la venda, i era *que los que vendan leche de burra deberán invitar, bajo pena de 4 rs., á los compradores para que, si gustan, estén presentes en el acto de ordeñarse á fin de quedar asegurados de no haber en ella mezcla alguna.* De manera, que havien de portar la somera a la parada per a garantir la qualitat. Eren famoses les burres del carrer d'En Robador, que sortien per ser munyides al moment de la demanda; va passar, però, que provocaren l'enuig i la protesta justa de les dides de la ciutat quan algú començà a nomenar aquells animals com les *dides de Robador*.

La llet de burra va anar guanyant seguidors o consumidors. Moltes d'aquestes burres venien de més enllà de les muralles i això va plantejar un greu problema i era que quan entraven i passaven pels burots no pagaven res malgrat que els zelosos guàrdies sabien que anaven carregades de llet i que unes hores després sortirien ben descarregades, però és clar, la llet no es veia. Al novembre de 1851 l'Ajuntament anuncià que a partir del dia 1 de desembre cada home que entrés portant una burra pagaria una contribució de 7 rals cada mes, una quantitat respectable. Ells es resistiren dient que les autoritats,

> olvidándose de la importancia de las funciones que desempeñan en las calles de esta ciudad, dejan abandonados á la multitud de enfermos que esperan cada mañana como un seguro remedio para sus dolencias, la leche que suministran aquellos útiles y pacientes animales. (DB., 9.12.1851)

Després d'alguns estira i arronsa, els venedors de llet de burra acabaren cedint.

Malgrat que alguns dels venedors de llet també venien mató propi, era força normal que hi hagués famílies que aprofitant la bona qualitat de la llet de vaca, cabra o ovella, se'l fessin a casa.

Però els humans, que hem crescut envoltats del virus de la necessitat del benefici propi sempre al preu del malefici dels altres, hem fet de tot per tal d'obtenir-lo; també la llet ha servit per a obtenir-ne, i així ens trobem que l'Ajuntament el maig de 1839 va promulgar una normativa a aquesta qüestió. I ho va fer tan seriosament, que per vendre llet es necessitava un permís especial amb l'amenaça de 30 rals a qui no el tingués. S'havia de vendre en taules que estiguessin a l'aire lliure, no a les entrades de les cases ni en llocs coberts –a menys que fos en dia de pluja. I si algú tenia llet de vaca o cabra, les havia de tenir en taules separades.

Evidentment que allò més castigat era la pràctica d'allargar la llet posant-hi aigua, qüestió que si no era molt exagerada, era difícil de demostrar. Però la pràctica de l'adulteració del producte enervava els consumidors: *Hemos oído de nuevo repetidas quejas acerca la mala calidad de la leche de cabra y de vaca que se espende en varios puestos públicos de esta capital. En asunto que tanto interesa á la salubridad del vecindario, jamás debería descuidarse la más escrupulosa vigilancia.* I un altre dia, *Otra vez han tenido que ser multadas algunas vendedoras de leche por espenderla adulterada. Por lo visto el mal es incorregible.* (DB., 9.7.1853)

Veiem un parell d'anuncis sobre la venda d'aquests articles, al primer, ofertes molt avantatjoses:

> En la calle de Mercaders, tienda, num. 31, se vende leche de vaca y de cabra de superior calidad: cualquiera podrá tomarla fria ó recién ordeñada, y aun podrá ver como se ordeña, sin moverse de esta capital. (DB., 12.5.1839)

A l'infamat carrer d'en Robador també n'haguéssim trobat, i barata,

> A 12 cuartos el porron se vende leche de vaca y de cabra en la calle de Robador, número 2. (DB., 6.3.1839)

I ara, una mica d'exotisme:

> En la calle den Jupi, núm. 10 se vende leche de cabras jóvenes francesas y de vacas tambien jóvenes y del mismo país al precio una y otra de 20 cuartos el porron. (DB., 19.1.1841)

«El vi és la llet dels vells», aquesta dita manifesta i justifica el goig que donen aquests dos productes, l'un al captard de la vida i l'altre als seus inicis.

* * *

Pel que fa al peix, a principis del 1800, les seves venedores estaven situades a l'interior d'un local que hi havia Rambla avall, al tram llavors anomenat dels Caputxins; cap els anys 1830 foren traslladades Rambla amunt, entre el carrer del Carme i l'edifici de la Virreina, com ja havíem dit. El pas de les barraques de peix a l'interior de la Boqueria s'anà retardant; després de la inauguració del mercat el 1840, aquelles parades seguien al passeig i la premsa engegà una campanya per treure les paradistes de peix del passeig, dient que la seva presència era una *verdadera inmundicia*, degut a les olors del producte i les deixalles del mateix. També clamaven *contra las barracas situadas sobre el Rech-condal y las de Barcelona, cuyo mezquino aspecto y sofoco que sus habitantes esperimentan en detrimento de la salud publica, clama años hace un remedio.* (EC., 30.8.1837)

Aquest clam per la salubritat dels ciutadans anà pujant de to; la gent n'estava molt tipa de viure emmurallada, arreu hi havia soldats, sentinelles, calia un document, un salconduit per sortir o entrar de la ciutat per qualsevol de les portes. Ara s'hi afegia que alguns d'aquells grans espais que la gent, jugant-s'hi la pell, havia arrabassat a l'església com era per exemple l'ex-convent de sant Agustí al carrer de l'Hospital, tocant a la mateixa

Rambla, havia servit per aixecar-hi una de les fàbriques que més toxicitat i brutícia abocaven: *La Fundición Barcelonesa.* Allò arribà a indignar els fumadors més enquitranats.

> Sería de desear que la Pescadería se trasladase al estremo del nuevo mercado de la Plaza de San José, que pronto va á empezarse, para que la Rambla no apeste y la salud pública consiga alguna ventaja y hecho así la peste se trasladaría á un Hospital General, y a la calle á que dio nombre, y otras inmediatas ya apestadas, con el Vapor, Coque, y Fundición de S. Agustín; doble peor que todas las pescaderías reunidas. Por lo que Vapor, Coque, Fundición y Pescadería deben estar con separación, á mucha distancia, y aun en despoblado si se quieren procurar ventajas á la salud pública tan amenazada en dicho barrio, y por lo cual tanto claman sus vecinos contra aquel establecimiento, sin ser hasta ahora atendidos. (...) (EC., 28.7.1841)

Sorprèn que es posés al mateix nivell la toxicitat de les xemeneies de les fàbriques, els fums i vapors de les calderes que consumien carbó, amb l'olor de les peixateries. La protesta contra les pudors i les olors del peix es repeteix diverses vegades durant aquests anys.

A la fi, entre 1848 i 1851, les parades de peix foren plantades a l'espai avui anomenat Plaça de Sant Galdric, llavors una edificació d'obra d'una planta i on ara hi ha les residuals pageses que resten venent els productes que han dut des del seu punt d'origen; com ja veurem, les parades de peix no anirien al centre del mercat fins l'any 1911.

Quan l'Ajuntament treia a subhasta parades dels mercats, es presentaven persones que, amb bona capacitat econòmica, licitaven i se'n duien diverses parades a la vegada, que després les llogaven una per una a terceres persones, convertint-se els primers en assentistes o arrendadors que, sovint i a més, passaven a ser els subministradors de les mercaderies que havien de vendre els llogaters. Tot plegat feia que els preus dels queviures pugessin, i que molts paradistes, potser la major part, fessin mans i mànegues per compensar les despeses mitjançant petites trampes a les balances.

> Otro que se firma El Observador dice que pudo ver mas a menudo los monopolistas de las plazas de nuestros mercados [que] a los señores alcalde, o teniente de alcalde, según acostumbraban

a menudo los antiguos regidores almotacenes[22] antes de la nueva organización de ayuntamientos, es sin duda una de las causas mas notables, de que muchos de los vendedores cometan los fraudes, los robos, y monopolios que se observan, y que en los pesos y medidas no se cumpla cuanto reclama altamente la ley.

Yo desearía, continua el articulista, que los señores regidores visitaran ese Borne y Boquería; que vieran con sus propios ojos los abusos y fraudes que se cometen, que los corrigieran por sí y ante sí no dejándolo al simple cargo de un portero, alguacil, etc., que á veces ven y no quieren mirar. (...)

Los Sres. de nuestra municipalidad, concluye el articulista, pueden tener buenos deseos para todo lo útil, pero quisiera que los llevaran á efecto sobre todo en las plazas de mercado, que quizás se han descuidado sobradamente desde que algunos han creído que la libertad consiste en robar, monopolizar y en hacer cuanto se les antoje. (EGN., 8.1.1837)

L'arrendador cobrava per mesos el lloguer de les parades de peix, però en general hi havia peixaters o peixateres que no tots els dies anaven a vendre, depenia que trobessin gènere per comprar i que fos a preus raonables; demanaven per tant a les autoritats de pagar segons els dies que haguessin fet servir la parada. L'Ajuntament ho arreglà de manera salomònica dient que s'havien de posar d'acord amo i llogater.

Per fer-nos una idea del volum que representava la venda de peix, trobem que ja l'any 1826 hi havia a la Rambla 48 parades de peix, tenint en compte que també hi havia altres parades a la Barceloneta, a la plaça del Pedró, al passeig del Born tocant el Rec Comtal, a més de moltíssims venedors ambulants que pels voltants de Santa Maria, allò que quedava de la Ribera i pels carrerons del Raval subsistien o sobrevivien fent les seves petites vendes dia a dia. Volem dir que de peix se'n consumia molt. Ara bé, de marisc, com la llagosta per exemple, no se'n trobava a qualsevol indret: (DB., 4.6.1835)

22 *L'almotacén* era l'encarregat de fer que els pesos i mesures dels mercats s'ajustessin a les oficials. Ja al S. XII es deia que l'almotacén "Ha de ser hombre de buenas costumbres, honrado, piadoso, sabio, rico, noble, perito, experimentado, inteligente e incapaz de parcialidad o de corrupción... conviene que dicho magistrado sea elegido entre personas de parecido rango... se le fijará un sueldo, a cargo del tesoro de las fundaciones pías..." *Sevilla a comienzos del siglo XII. El tratado de Ibn 'Abdun*. Servicio de Publicaciones del Ayuntamiento de Sevilla. 2ª ed., Sevilla, 1981.

En la pescatería del Borne y Boqueria se venden langostas á 6 reales la carnicera.

I no tant sovint trobem la venda de tortugues: *En las pescaderías del Borne y Boquería se vende tortuga fresca y de buena calidad, al precio de 8 rs. la libra carnicera* (DB., 31.3.1858).

Un altre peix que no podia faltar era el bacallà que arribava en grans quantitats al port; per la seva característica de poder-se guardar sec força temps, a la ciutat hi havia un magatzem on sempre s'hi guardaven grans reserves i mantenia, en general, preus econòmics:

> Para comodidad del público el bacalao de lenguas de superior cualidad que se acaba de recibir se venderá á nueve pesetas la arroba en los almacenes de sobre el Rech Condal; en la calle de Bonaire, en el de D. Mariano Prats; en los de la Espartería, en el de D. Pablo Poch, Don Bernardo Bori y D. Pedro Rodes; en la de la de Castaños en el de los Sres. Blanich y Dotris; y en el de frente de la fuente de la Aduana de Don Cristóbal Cassañas.
>
> También se despachará del mismo, el seco al precio citado; y el remojado á 12 cuartos la libra el morro y á 10 la penca en las tiendas de Don Miguel Perelló y D. Miguel Espiell de la calle den Caldas; á la de D. Francisco Casanovas en la del Rech, y en la plaza Nueva en la de Don Jaime Vidal. (EGN., 19.2.1840)

Respecte a les llengües de bacallà, al febrer de 1850 trobem un venedor que en tenia de manera abundant al seu magatzem del carrer de l'Esparteria, prop del Bornet; eren procedents de Checlen i les despatxava al preu de 3 duros el quintar. (DB., 15.2.1850)

Cada mes, la hisenda pública donava comptes de les existències d'aliments que hi havia a la ciutat: (EGN., 13.3.1840)

> DEPOSITO DE BARCELONA. Mes de febrero de 1840. Relación de los géneros, frutos y efectos que han entrado y salido de almacenes durante el presente mes, y de los que quedan existentes para el inmediato: á saber. (...)
>
> Bacalao, quintales:[23] Existencias del mes anterior, 6.096; Entradas en el presente, 300; Salidas, 2.467; Existencias, 3.929.

L'arribada de bacallà no era uniforme, però la major part dels mesos de l'any entraven al port vaixells amb aquest producte; per exemple el març

23 El quintal era una antiga unitat de massa o pes espanyola, que equivalia a 100 lliures castellanes, 46 kg.

de 1842 n'arribaren 200 quintals. Així llegim: *De Bergen, Noruega, en 43 dias el bergantin-goleta Diedrick, de 106 toneladas, capitan A. Hidberg, con 6823 vogs*[24] *de bacalao y 973 de pezpalo.*[25] (DB., 28.2.1843)

I al següent any: *De Cristiansund, Noruega, en 56 dias el bergantín Johanna Elisabet, de 105 toneladas, capitan Daniel Brasen, con 4311 vogs de bacalao y 1591 de pezpalo.* (DB., 14.1.1843)

El bacallà era un dels aliments bàsics dels jornalers. Que el bacallà era un aliment que afavoria la gent amb poques possibilitats econòmiques, és tant cert com que avui aquella gent no en podria menjar per ser un aliment car. Malgrat això hem de precisar de quines parts del bacallà parlem, ja que si bé la part més espinosa era barata, el morro, la penca, també resultava cara.

El mateix any 1840 es dissolgué a la ciutat la principal societat d'importació i venda de bacallà; la gent quedà expectant, temia que qualsevol qui fos que volgués continuar el negoci ho fes enfilant-se en l'escala dels preus. Un grup de barcelonins redactà una proclama a la premsa expressant que el manteniment de preus del producte era essencial per a la subsistència de moltes famílies:

> (…) no dudamos con todo en asegurar que los mas de los ciudadanos penetrados de cuanto deben á su pais y sobre todo á los pobres, que tanto consumen de aquel comestible de primera necesidad [bacallà], desean de veras que la clase indigente logre de los beneficios de su libre venta, que las sociedades, que se establezcan en lo sucesivo, tengan á la vista las necesidades de la época (…) –Unos barceloneses. (EGN., 3.1.1840)

Hem dit que es menjava molt de peix, i és que aquest resultava, en general, força més econòmic que la carn. Aparegué una dita expressant que *el peix era la carn dels pobres.*

El dia 20 de desembre de 1844 caigué damunt Barcelona un aiguat d'aquells que resten gravats a la memòria, i els magatzems de bacallà s'inundaren. El problema va ser que als mateixos magatzems s'hi guardaven productes que eren tòxics; els magatzemistes de seguida sortiren dient que el bacallà estava intacte, i que a més la sal l'havia protegit. L'Ajuntament envià uns analistes a comprovar l'estat sanitari del producte els quals afirmaren que es podia consumir.

24 El vog és una antiga mesura de pes de Noruega. Equival de manera aproximada a 18 kg.
25 Pezpalo, bacallà assecat a l'aire, sense obrir-lo ni aixafar-lo.

No obstant, la premsa durant uns dies notificà la mort de persones de la ciutat que podien haver estat afectades per haver menjat d'aquell bacallà. Durant una bona temporada el consum d'aquell peix disminuí molt.

L'Ajuntament i els majoristes s'abocaren en una campanya de premsa per fer retornar la confiança als consumidors, els diaris més addictes a l'ordre i allunyats de la crítica se'n feien ressò:

> –Creemos que se hallan del todo desvanecidos los rumores que tan generalmente circularon sobre la venta de bacalao envenenado. No obstante son dignas de elogio las disposiciones que tomó la autoridad para precaver cualquier accidente desgraciado. (DB., 28.12.1844)

El tema portà enrenou durant temps. Malgrat la campanya, set setmanes més tard, quan la tranquil·litat ja s'havia imposat a Barcelona, la indignació esclatà de lluny:

> La junta de facultativos de la villa del Vendrell declaró nocivos á la salud pública cuarenta y siete y medio quintales[26] de bacalao procedentes de esta ciudad, y que se conocía habia estado inundado; la Junta de Sanidad dispuso que se quemase públicamente como asi se verificó. (DB., 28.1.1845)

També durant els mateixos anys trobem l'arribada i venda de grans varietats de productes del mar, algunes veritables llepolies:

> **Venta**. En la Rambla tienda de Juan Amat, en que hay las balanzas de nueva construccion, se vende bacalao de lengua de Island a 10 cuartos la libra; de otra calidad también de Island, á precios cómodos; tripas de id. á 5 rs. la libra; zorra de atún á 14 cuartos id; atun á 12 id. id.; cabezas de id. á 6 cuartos id., y espineta[27] á 10 cuartos id. (DB., 27.2.1838)

La zorra de atún –el més car dels productes citats a l'anterior anunci– era la tonyina de sorra, de la qual la part de la ventresca era la més grassa, fina i gustosa. Generalment es prepara a la planxa, encara que també es pot trobar seca; pot fer pensar en el pernil per les seves betes.

Trobem la venda d'esturió á dues pessetes la lliura carnissera, així com reig (*corvina*) á 5 rs. la lliura carnissera; salmó de La Coruña á 6 rs. la lliura. També cada dia sardines, *sardinas prensadas*, congre, pops, lluç salat, etc. Per exemple, *En la tienda de Pablo Cumella, núm. 8, en las cuatro esquinas de la calle den Caldas, se venden tripas de bacalao y arengues, todo de superior calidad.* (DB., 26.3.1842)

26 En aquest cas, la quantitat de bacallà destruïda fou important, més de dues tones.
27 L'espineta és la part dorsal de la tonyina que va des del cap fins la cua.

Fruites, verdures i hortalisses. Els higienistes

Les pageses i pagesos eren la gent més matinera del mercat; la llum artificial trigà anys a arribar a les parades, i quan ho va fer amb el gas cap el 1870, era tan minso l'enllumenat que tampoc valia la pena d'arribar-hi abans d'aixecar-se el dia.

Aquella pagesia era bona part de l'alegria de la Boqueria; sorollosa, pregonant la bondat d'allò que portaven i oferien; cridant pel nom els compradors que ja coneixien; alertant quan veien els pispes que rondaven per fer-se amb alguna fruita, a vegades més que una peça, un sac o un cabàs; avisant incautes compradors o mestresses de casa quan eren a punt de ser víctimes d'un robatori i vigilant de reüll els guàrdies o funcionaris municipals a qui de tant en tant havien d'untar perquè no veiessin incompliments de les normatives difícils d'esquivar, com era que ocupessin una mica més de la superfície assignada, o que a terra tinguessin algunes fulles de verdura, o que faltés algun preu a la pissarreta.

Durant el segle que estem tractant i l'anterior, hi hagué una disminució del consum de verdures i hortalisses per part de la burgesia i classes altes en benefici de les classes populars. Als àpats s'anà incrementant la ingesta de patates, pastanagues i cebes.

El gènere l'havien de vendre els mateixos amos o llogaters de les parades. L'article 186 del Bando de maig de 1839 deia: *Los que se dedicaren en los mercados á la venta de verduras, frutas y demás artículos por encargo de sus dueños, solo podrán verificarlo con la autorización y requisitos que para ello dictáre el Excmo. Ayuntamiento, bajo multa de 20 rs.*

Estava legislat per quins carrers havia de transitar aquella pagesia quan duien les seves mercaderies cap el mercat: *Todos los que conduzcan frutas, hortalizas y demás comestibles para vender en esta ciudad deberán dirigirse por el camino más recto á las plazas de mercado, y solo podrán venderlos en las mismas, bajo la multa de 20 rs.*

Entre les fruites que tenien venda no podem passar per alt les figues de moro, avui inexistents a la Boqueria, senzillament per la incomoditat i falta de destresa nostra per no saber-les pelar. Molta gent en feia melmelada quan eren ben madures; també llescades, eren un component de les amanides.

Però no tots els productes venien de rodalies de la ciutat. Observem que entre mitjan de maig i finals de juliol, cada dia arribaven vaixells que

El metge higienista Felip Monlau Roca, 1808-1871

entre altres productes portaven una mitjana de 200 o 300 arroves[28] de tomàquets del País Valencià i Mallorca. Donat que els camins carreters eren dificultosos per el trànsit de carruatges degut al seu mal estat, les vies marítimes vorejant la costa anomenades de cabotatge, eren més avantatjoses. Els diaris acostumaven a dedicar una pàgina a l'entrada al port de Barcelona dels vaixells amb els noms dels ports on havien fondejat, la durada de la travessa, classe i nom de la nau, tonatge, nom del capità o patró i les mercaderies que havien portat. Un exemple de febrer de 1838:

> Embarcaciones llegadas al puerto [Barcelona], el día de ayer.
>
> Mercantes españoles, De Valencia y Cullera en 7 dias el laud S. José de 45 toneladas, patron Gregorio Darí, con naranjas. De Málaga, Almería, Alicante y Vinaroz en 26 días el laud Rosario, de 24 toneladas, patron Tomas Perez, con higos y tomates. De Jabea, Moraira, Vinaroz, Tarragona y S. Feliu en 13 dias el laud S. Antonio, de 19 ½ toneladas, patron Sebastian Bas, con higos. De Burriana en 4 dias el laud S. Antonio, de 19 toneladas, patron Tomas Agustin Rodriguez, con algarrobas. De Mecina en 16 dias el laud S. José, de 16 toneladas, patron Antonio Calzada con altramuces. De Cullera, Valencia y Tarragona en 5 dias el laud Santo Cristo, de

28 L'arrova catalana equivalia a 10,4 kg., és a dir, 26 lliures

21 toneladas, patron Vicente Horia, con arroz. Ademas 4 buques de la costa de esta provincia, con trigo y efectos.

Per fer-nos una idea del gran volum d'aliments que arribaven a la nostra ciutat a través d'embarcacions que seguien el litoral de la Península, prenem el dia 30 del primer mes de cada trimestre de l'any 1845:

30 de gener
De Cullera:110.000 taronges.
De Sevilla: 500 faneques[29] de faves, 400 de blat, 130 sacs de farina, 15 sacs d'escaiola o mill i 9 pipes[30] d'oli.
D'Adra, Almuñecar i Cartagena: 100 quintars d'alcohol i 18 pipes de vi.
De Palma: 400 arroves de tomàquets, i 15 faneques de fesols.
De Santander, Barquero, Coruña, Vigo i Tarragona: 60 barrils de sardina i 60 sacs de rubia.[31] A més de 4 vaixells de la costa catalana amb 670 quarteres[32] de blat.

30 d'abril
De Torrevieja: 2.599 faneques d'ordi.
D'Alacant: 720 faneques de blat.
De València: 248 sacs de farina, 75 d'arròs i 1 carro de salvat.
D'Alcúdia: 700 quintars de llenya.
D'Alacant: 700 faneques de blat.
De id. i Vinaròs: 450 faneques de blat.
De Castelló: 700 arroves de garrofes, 40 *cahíces*[33] de blat de moro i 74 sacs de fesols
De València, Vilanova i Sitges: 80 sacs de farina i 74 de arròs.
D'Alcúdia: 900 quintars de llenya.
De Palma i Alcúdia: 700 quintars de llenya.
De Ciudadella: 430 quarteres de blat i 12 quintars de formatge

30 juliol 1845
De Sevilla: 1000 faneques de blat, 30 pipes d'oli, 40 sacs de farina i 20 de sèmola.
De Sevilla: 950 faneques de blat, 41 pipes d'oli, 24 sacs de sèmola i 9 de farina.

29 La faneca, com a unitat de volum, a Castella equivalia a 55,5 litres.

30 La pipa era una bóta o cuba de 443,65 litres.

31 La rúbia, rogeta popularment, és una planta que es feia servir com a colorant per tintar teles.

32 La quartera, unitat de volum, representava 70 litres, excepte la quartera d'olives que equivalia a 80.

33 Un *cahíz*, equivalia a 12 faneques, és a dir, 666 litres.

De Sevilla i Vilajoiosa: 1300 faneques de blat.
D'Alcúdia: 400 quintars de llenya, 157 de palma, 107 de boga.
De València: 250 dotzenes de melons.
De Ciutadella i Arenys: 20 quarteres de faves, 10 quintars d'arròs.
D'Isla Cristina, Alacant i Tarragona: 400 faneques de faves.
De Sóller: 400 quintars de carbó i 8 de palma.
D'Alacant: 32 sacs de farina, 53 *cahíces* de blat, 19 sacs de pebre vermell, 40 caixes de sucre, 51 sàrries de magrana.
De Sevilla, Almería, Alacant i Tarragona: 560 faneques de blat, 396 de faves, 450 de farina i 100 de draps.

30 octubre 1845
De Torreblanca i Vinaròs:1800 arroves de garrofes.
De Palma: 60 quintars de llenya
De Palma i Andratx: 900 quintars de carbó de pedra, 350 de garrofes, 587 pernils, 21 porcs i 90 faneques de cigrons.

No vol dir això que tot aquest menjar es vengués directament als mercats, abans passava pels majoristes que eren els que havien fet les comandes i des dels seus magatzems ho venien als paradistes i botiguers.

Des d'inicis del segle XIX s'estengué el corrent de l'Higienisme, fruit de la constatació de les pèssimes condicions higièniques a les ciutats: la manca d'aigua a les cases, aliments en condicions insalubres, líquids residuals pels carrers, habitatges amuntegats i amb poca ventilació, deficient alimentació, tot portava a malalties, passes i epidèmies freqüents. En definitiva, l'higienisme era l'art de conservar la salut i allargar la vida.

Tres personatges, Joan Giné i Partagàs, Enric Raduá i Oriol i Pere Felip Monlau foren tres savis que treballaren sobretot a Barcelona. Eren metges preocupats per les altes tasses de mortalitat a la ciutat i les greus malalties que l'assolaven, sobretot entre les classes treballadores. Podem dir que eren metges que exerciren la medecina convertint-la en ciència social, i veient de quina manera era impossible que la patronal s'avingués a un bon augment dels salaris i una millora de les condicions de treball, iniciaren una campanya perquè fossin rebaixats, de manera notable, els preus dels aliments. El seu fracàs fou sonat.

Monlau, un gran defensor públic de la necessitat d'aterrar les muralles de manera urgent pel bé de la salut dels ciutadans, en contra de l'obstinació negativa dels militars que consideraven que Barcelona era una ciutat rebel que calia tenir-la sempre atemorida i controlada, afirmava que eren les autoritats les que havien de garantir la disponibilitat de tota mena d'aliments, que fossin econòmics i de bona qualitat: *A més d'abundants i barats, els aliments han de ser sans i de bona qualitat; s'ocuparà l'autoritat administrativa que per cap terme s'expendeixin aliments naturalment adulterats.*[34]

El mateix metge higienista explicava,

> Los obreros y sus familias no disfrutan todavía de una alimentación bastante reparadora; el pan y el vino que ordinariamente consumen no son de la mejor calidad; los vegetales constituyen la base de un régimen más común; y del reino animal apenas conocen más sustancias alimenticias que el bacalao, el escabeche y el tocino: el obrero come poca carne, pues si bien compra a menudo los extremos, despojos y grosura de los animales, esta carne de sábado, como se decía en lo antiguo, nutre muy escasamente y fatiga en gran manera los órganos digestivos.[35]

Però l'Estat des de Madrid reclamava el pagament dels deutes de l'Ajuntament. I demanava a aquest que carregués més encara els drets de portes o burots excepte els de primera necessitat. Aquesta serà una de les causes de les importants i tràgiques bullangues de 1842 i 1843:

> Nota de los artículos considerados de primera necesidad, que se escluyen del recargo impuesto por Real órden de 9 del actual en las tarifas de puertas: Aceite de comer, arroz, carbon de leña, carnes de cerdo, lana y pelo vivas ó muertas, granos, harinas, hortalizas, legumbres inclusas las patatas, leña, sardinas saladas, semillas, vino comun, vinagre. Barcelona 29 de abril de 1845. (DB., 2.5.1845)

Quan la Boqueria hagué de tancar les parades

La Barcelona del segle XIX és la d'una ciutat que viu en conflicte permanent; una mirada ràpida ens mostra l'ocupació napoleònica; tres guerres carlines; les cremes de 1835; les revoltes i bombardejos de la ciutat el 1842 i 1843; les grans lluites pel dret d´associació el 1855; la 1ª República i la ràpida restauració borbònica... Dir, en resum, que durant aquells cent anys els barcelonins estigueren en estat d'excepció durant dues terceres parts de

34 Monlau, Pere Felip: *Elementos de Higiene pública o arte de conservar la salud de los pueblos.* (3 vol.) Madrid, Imprenta y estereotipia de M. Rivadeneyra, 1862.

35 Monlau, Pere Felip: *Higiene industrial. ¿Qué medidas higiénicas puede dictar el Gobierno á favor de las clases obreras?* Madrid, 1856.

la centúria, sense garanties constitucionals. Els militars eren l'encarnació del despotisme, i els ciutadans la carnassa sobre la qual els primers feien mèrits que es convertien en medalles i ascensos. La ciutat aquesta vegada tenia ganes de jugar fort, i a partir d'octubre els enfrontaments amb l'exèrcit s'anaven intensificant. Foren obertes les portes de la maleïda presó:

> Son las siete y media de la noche, el fuego ha parado (...) los presos se hallan ya libres y con las armas en la mano; todos los barceloneses están unánimes sin distinción de partidos: reina verdaderamente la unión; las calles están iluminadas, y con mucho denuedo los habitantes... (EC., 18.11.1842)

El dia 3 de desembre de 1842, la Boqueria quedà, com altres dies, deserta completament de venedores i compradores: a dos quarts d'una del migdia des de Montjuïc, *brilla una flama sagnant en el castell, s'aixeca un globus de fum, retruny un tro, la primera bomba queda en l'aire, cau i esclata amb estrèpit en la ciutat*, escriví un testimoni. Durant dotze hores, sota les ordres d'Espartero –*Duque de la Victoria*, nom per cert que encara presideix la titularitat d'un cèntric carrer barceloní– els canons llançaren 1.014 bombes sobre la població civil barcelonina; més de 450 cases quedaren destruïdes del tot o en part. També hi hagué foc i destrucció a l'Hospital General de la Santa Creu i al militar. Ja dies abans la Ciutadella havia tret foc de manera intermitent, com aquell que fa pràctiques, eren bales rases, alguna vegada incendiàries. Feia dies que la Boqueria obria a estones i sols ho feien algunes parades degut d'una banda al perill de la insurrecció i la seva repressió, i d'altra perquè les mercaderies escassejaven, costava d'entrar-les a la ciutat; també hi havia els acaparadors. L'escàs menjar dels mercats pujava de preu cada dia.

> BARCELONA 5 DE DICIEMBRE. El dia 3 al medio día principió el bombardeo desde Monjuich contra la ciudad, duró hasta muy cerca de las dos de la madrugada de ayer. Se conjeturan á mil los proyectiles que cayeron en la ciudad entre bombas, granadas balas de cañon, y las pérdidas causadas inmensas. Varias casas han sido quemadas, algunas tiendas enteramente arruinadas, así como muchas puertas de casas. Los pisos de algunas casas donde cayeron bombas que no fueron incendiadas, han quedado enteramente destruidos...[36]

36 *El Imparcial*, 6 desembre 1842. – Editat a Barcelona, aquest diari fou la continuació de *El Guardia Nacional* i de *El Liberal*, els dos també barcelonins. El conjunt dels tres diaris (1835-1842) seguí un itinerari que començà amb el progressisme i finalitzà amb el moderantisme del general Espartero.

Havia esclatat un vell malestar, profund, que curiosament afectava totes les capes socials: la dels fabricants, que preveien la seva ruïna si el govern donava llibertat de comerç amb Anglaterra, el gran competidor avantatjat del tèxtil; la dels botiguers, que cada dia constataven la minva dels beneficis per la caiguda dels salaris de la població i l'augment dels tributs; la dels treballadors, els qui més pagaven el desgavell amb el constant empitjorament de les seves condicions de vida. I la ciutat s'havia plantat constituint una junta que es desmarcava i desafiava el Govern central de Madrid. La resposta fou el setge i el bombardeig exigint la rendició. Per si fos poc, s'imposà als fabricants i propietaris una multa de 12.000.000 milions de rals; això afectà també als qui en propietat tenien parades als mercats.

Sis mesos després de la humiliació, hi hagué un altre daltabaix: de nou un altre aixecament. Els barcelonins no oblidaven el bombardeig de la ciutat de feia pocs mesos, notícia que arribà a tota Europa; amb l'experiència viscuda poc abans, la ciutat es preparà millor, però també ho feu l'exèrcit. Qualsevol diria que la gent hauria escarmentat i ara no voldria saber-ne res, però no fou així. La major part de la població sortí al carrer; sí que marxaren la major part de la burgesia i famílies que tenia un segon habitatge o parents a fora.

A primers de juny de 1843 hi hagué les primeres bullangues reivindicatives. El militar de Reus Joan Prim fou aclamat il·lusòriament a la Rambla; després aquell home optà per la Corona espanyola amb el seu corrupte govern i fou un dels repressors més distingits de la ciutat; la Corona el premià passant-lo de coronel a mariscal de camp.

Per entendre aquella època barcelonina, ajuda el valuós escrit d'un botiguer d'aquells anys, Josep Coroleu; es tracta d'un home que es guanyava bé la vida, observador i de tarannà progressista. Deixa entreveure i critica els disbarats que considerava es cometien des del govern que cada vegada més enfonsaven l'economia del país. Escrit en forma de diari entre 1792 i 1853, ens endinsa en l'escenari de la conflictiva ciutat:[37]

> **Noviembre 1843**
>
> Dia 1. –Estoy triste ¡Qué día de Todos los Santos! (...) En vez de vernos reunidos todos en torno de la mesa con la alegre algazara de los niños, nos encontramos solos, pensando con tristeza en los

37 Coroleu, José: Memorias de un menestral de Barcelona, 1792-1864. Tip. de *La Vanguardia*, 1888.

> ausentes y en la posibilidad de que no volvamos a vernos. (...) No ha habido panecillos [panellets].
>
> Al levantarnos de la mesa mi hijo no pudo reprimir un suspiro. Yo le puse la mano en el hombro y le recordé aquel refrán nuestro que dice: Ditxosa és la terra que és lluny de la guerra.
>
> Hoy no se ha vendido carne en los mercados.
>
> Dia 2. –Se han dictado medidas muy rigurosas para evitar el acaparamiento de la carne, prohibiéndose llevarla a domicilio, así como el venderla en porciones de más de dos tercias y ordenándose que se trasporte directamente del matadero a los mercados de la Boquería y de Santa Catalina. (...)

A la gran quantitat de pobres que ja hi havia a la ciutat abans d'aquesta barbàrie, ara s'hi afegien famílies senceres sense casa, sense feina o les dues coses a la vegada. Davant aquesta realitat, els mateixos ciutadans organitzaren una *sopa pels pobres* amb allò que recollien als mercats i el que donava la gent que podia. És interessant la nota que publicava *El Constitucional* i com posava en remull el *Conde de Reus*, el militar Joan Prim:

> Nos ha hecho derramar lágrimas de ternura el ver las que derramaban de agradecimiento los pobres que reciben desde ayer la sopa, y sopa abundante en todos los cuarteles y barrios de esta ciudad. Mientras los absolutistas y tiranos y «renegados» se complacen en enviar proyectiles de muerte á los bravos de esta población, los «pillos» de la misma, al compás del estruendo de aquellos, dan la sopa de vida á los indigentes. ¡Que contraste «conde de Res!» ¿no te avergüenzas?... Huye, escóndete, miserable. Las virtudes estan en los liberales; en vosotros... malvados, ¿que hay sino cadenas y muerte? Avergüénzate renegado, marcha de una patria que te escupirá siempre mas á la cara. (EC., 30.9.1843)

A partir de setembre i durant tres mesos la ciutat començà a ser bombardejada de nou des de la Ciutadella, el Fort Pienc i Montjuïc. El Born i la Boqueria també reberen de valent bombes, pólvora i ferralla. Els safaretjos públics del Born i el proper escorxador quedaren completament derruïts. Sols entre el 18 d'octubre i el 24 del mateix mes caigueren damunt la ciutat 5.847 projectils de tota mena. Quan les tropes entraren, pel mig de la devastació, s'inicià una cruel repressió, més forta que la d'uns mesos abans.

Els burots i els menjars d'ampli espectre: cargols y bolets

A totes les poblacions on hi havia transaccions comercials d´aliments, els seus Ajuntaments cobraven unes tasses quan aquests productes eren introduïts al municipi. Ho feien mitjançant les casetes de recapta de consums, anomenades burots, situades als seus accessos. Una bona part d'aquells diners anaven, per llei, a parar al govern Madrid

Les barraquetes de cobrament eren un punt de corrupció per part dels funcionaris; per part dels importadors, ho era de resistència a no pagar o de reduir al màxim les taules dels impostos. Els burots eren uns nius de conflictes permanents. Després d'anys de pressions i lluites perquè fossin abolits o al menys reduïdes les tarifes, l'abril de 1845 s'aconseguí que alguns aliments bàsics fossin indultats d'aquest pagament; es tractava de l'oli de *comer* –no l'oli per fer llum–, l'arròs, la carn de porc, el carbó vegetal, les arengades, les llavors, el gra, les farines, les hortalisses i les patates, la llenya, el vi de porró i el vinagre. Encara que no va ser una victòria plena, la notícia es convertí en un esclat d'alegria.

Anys molt difícils. Hi hagué una baixada de salaris mentre el lloguer de les cases i el preu dels aliments s'enfilaren; s'havia acabat la primera guerra carlina però faltava poc perquè comencés la segona i Barcelona era vista com una ciutat insurgent a la qual calia bombardejar cada 20 o 30 anys per mantenir-la aplacada i sotmesa, segons l'opinió del general Espartero. Així s'expressava un contemporani del moment:

> Barcelona está convertido sobre todo por las noches, en un verdadero campamento militar. Apenas anochece, todas las esquinas de la Boquería y otras calles están plagadas de centinelas. El bando que prohíbe transitar por la ciudad después de las once de la noche, se observa con el mayor rigor, y el que por desgracia se descuida, es conducido á la Ciudadela y al día siguiente al navío Soberano. Nunca, jamás se ha visto Barcelona tratada con tanta crueldad; de modo que las vejaciones que la hacían sufrir las tropas de Napoleón en tiempo de la guerra de la Independencia eran tortas y pan pintado para lo que ahora pasa.[38]

38 *El Clamor Público*, 19 juliol 1845. – Aquest diari feia un any que havia estat fundat a Madrid pels progressistes; el seu caràcter era bel·ligerant contra els governs moderats i conservadors.

El juny de 1848 hi hagué algunes intoxicacions a Barcelona, i de seguida algú va tenir ben clar de qui era la culpa: els cargols. Aquests animalons es venien a la Boqueria i altres mercats; es considerava que era un menjar propi de la «*clase menesterosa*». Josep Miró era tinent-alcalde de l'Ajuntament, i quan va saber el cas d'alguns intoxicats entre els quals un va arribar a morir, va confiar a un amic seu metge que investigués la possible nocivitat dels gasteròpodes, *bichos*, com ell els anomenava; les classes altes no menjaven aquelles coses que consideraven primitives i antihigièniques. La recomanació fou que els cargols fossin recollits en els terrenys nets i no en *torrentes, pantanos, y varios otros insolubles, pues que tales bichos se crían y alimentan en partes húmedas, inmundas, asquerosas y de aguas corrompidas.*[39] Ens queda clara la poca afecció que li tenien als cargols aquestes persones.

Les venedores del producte s'indignaren per la ignorància d'aquelles autoritats, mentre que la població, en general, es feia un tip de riure pensant com el tal Miró i el seu metge no sabien allò que es perdien a taula. Algú diria aquella dita de potser els *faltava un cargol*... de sentit comú.

A més, en la tradició sanitària popular els cargols tenien molta importància pel que feia a les afeccions, sobretot de la tos en particular i als constipats en general; així és com trobem que a mitjans de segle es venia una ***Pasta pectoral de caracoles, inventada y preparada por Mr. Sante Marie, farmacéutico.*** *Esta pasta és una de las mejores que se han preparado para combatir la tos, reuma, ronqueras, coqueluche* [tosferina] *y demas irritaciones del pecho que calma de una manera pronta y sorprendente.* L'inventor d'aquella pomada era un home del Rosselló que havia estudiat medicina i es dedicà a la farmàcia. I a la plaça de santa Caterina es venien unes ***verdaderas pastillas pectorales de caracoles.*** *Esta preciosa composicion elaborada en el estrangero y hasta ahora no usada en España, es conocida por la mas eficaz para la curacion de los diferentes afectos del pecho, como toses pertinaces, ronqueras, sufocacion ó asma, y sobre todo en los catarros de los niños, que quita instantáneamente.* També, però, es venia xarop fet amb els cargols, *lo mejor para todo tipo de tos y resfriados*; ho despatxava la farmàcia que hi havia al Raval a la cantonada del carrer Conde del Asalto amb el de Sant Ramon. I perquè veiem la importància del consum de cargols, el 12 de juny de 1854

39 *La España*, 8 juny 1848. – *La España* era la premsa de l'ala dreta del Partit Moderat. Diari ultra-conservador, proper a l'absolutisme, i evidentment contrari a la modernització econòmica i cultural del país.

arribaven al port de Barcelona procedents d'Eivissa diverses mercaderies, entre elles 4.500 ous i 12 faneques de cargols.

Recordem la faula del clàssic grec Esop, que explicava la cursa entre una llebre i una tortuga; la llebre d'una embranzida es plantava prop de la meta; però confiada i sobrada, s'adormí a l'ombre d'un arbre. Mentre, pas a pas, la lenta però tenaç tortuga traspassava la línia i guanyava. Ara baixem un esglaó i la competició la repetim entre la victoriosa tortuga i un esforçat i tranquil cargol. També la tortuga, confiada, pensa que mai el cargolet l'atraparà. Mentre la tortuga s'entreté, es distreu i s'ufana de ser més gran i ràpida, el cargol, que no s'ha aturat, arriba abans al seu destí. Esop ens porta a pensar en l'actual esperit de competició als mercats, esports i al mateix treball; tota una ideologia classista de gent supremacista destinada a triomfar pel damunt de les masses i d'aquells que no volen competir, ni pel treball assalariat, ni pels diners.

* * *

Pel que fa als bolets, és un tema força més polèmic que el dels cargols a l'època que tractem. Recordem que una bona part de la població barcelonina del segle XIX era immigrant, originària de les comarques del interior de Catalunya i que per tant coneixia i apreciava els bolets. Hi ha documentació que ho testimonia i en algun receptari culinari de l'època, aquells hi són presents.[40]

Cap els anys 1830 trobem que surten del port de Barcelona destinats a l'Havana vaixells que entre altres articles com farina de blat, safrà, alls, sabates, espardenyes, paper i jocs de cartes, porten caixes de bolets preparats en escabetx o salmorra. Sens dubte el seu destí eren emigrants de la península, molts d'ells catalans que deurien tenir desig de menjar un producte que allà era pràcticament inexistent, almenys en les varietats que havien deixat d'assaborir des de la seva partida (EGN., 18 nov. 1838). El comerç sempre corria molts riscs, més encara si es tractava d'aliments; ens trobem que mentre s'enviaven bolets a les colònies d'Amèrica, n'arribaven al nostre port, embarcats a Motril, segurament collits a l'interior de la província, potser a les vessants dels boscos de Sierra Nevada. (EC., 13.10.1839)

La sàvia cita que ara reproduïm podria semblar escrita avui:

40 *La cuynera catalana ó sia, reglas utils, fàcils, seguras y económiques per cuynar bé.* Imprempta de Valentí Torras, Barcelona. Edicions al s. XIX, 1835, 1843, 1851 i 1880.

El aumento y rapidez de las comunicaciones facilita el que puedan trasportarse ya á largas distancias los frutos de nuestro pais espendiéndose en aquellos mercados á precios exorbitantes, lo que da lugar á lucrativas especulaciones beneficiosas siempre para los intereses de la agricultura. Y las mismas razones que motivan esta continua serie de espediciones á varios puntos del reino y del estrangero, producen tambien el que nuestros mercados sean surtidos de frutas y hortaliza, cultivadas en puntos muy lejanos á Barcelona. En la actualidad mientras se remiten á Ultramar y á otros paises crecidas cantidades de setas, se están recibiendo en esta capital preciosos racimos de uvas procedentes de Mallorca, Alicante y Valencia, y ayer mismo había en la Boquería varias carretadas de ellos remitidas de la última de las citadas provincias. (DB., 23.11.1857)

En principi, aquest aliment que tant ens connecta amb la naturalesa per la seva olor, gust, generositat i simplicitat, no pagava impostos a les portes de la ciutat, fins que l'augment del seu consum va fer que també fossin penalitzats; la gent protestà dient que a aquell pas també haurien de pagar el julivert i els cargols, que també creixien als patis de les cases, i el maig de 1853 els bolets foren eximits de tasses a la ciutat.

Ja en plena activitat i creixement de la Boqueria, s'iniciava el calvari de les intoxicacions, moltes d'elles mortals, per la menja de bolets tòxics. El problema de les intoxicacions agreujava cada any el bon nom del bolet; podem assegurar que cada temporada uns quants barcelonins, possiblement com ara, morien de greus intoxicacions; sovint eren els mateixos responsables del mercat els qui confiscaven bolets bons en nom de ser perillosos i deixaven passar per a la venda els tòxics, degut al desconeixement del producte. Tampoc no sabem quanta gent intoxicada havia menjat bolets no comprats sinó collits per ells mateixos.

–Al recorrer el señor concejal D. José de Miró en la mañana de ayer todo el mercado de la Bocaria, prestó particular atención a la enorme cantidad de hongos, setas, criadillas de tierra y demás de esta especie que había vendibles, mandando separar y arrojar aquellas que á su parecer podían ser dañosas. (DB., 25.10.1847)

Ens sorprèn també de quina manera les figues començaren a ser víctimes de la ignorància i se les posà al mateix sac que els bolets: premsa i autoritats coincidiren afirmant que hi havia menes de figues que també mataven; s'inicià una guerra de la premsa perquè les autoritats prohibissin el comerç d'aquests productes a tots els mercats.

> CONTINÚA LA VIGILANCIA. – En el mercado de S. José se han inutilizado setas é higos que estaban espuestos á la venta pública en contravención á las disposiciones vigentes.[41]

Pel que fa al tema de les figues, també sospitoses de criminalitat, ens preguntem si no ho serien pel suc blanc i lletós que algunes espècies treuen, sobretot quan verdegen.

Una bona família barcelonina resultà tota ella afectada per haver menjat *un pavo relleno de setas. Cuantas personas la constituyen, inclusos los dos criados, se han visto espuestos á las terribles consecuencias de un envenenamiento ocasionado por las setas, habiéndose temido por la vida de alguno de ellos.* Notícies com aquesta, esperonades per les opinions d'alguns metges, abocaren les autoritats a aturar el problema 'confinant' els bolets:

> Se ha dado órden para que principiando desde hoy no se permita, tanto en los mercados de esta capital como en el de la Barceloneta, la venta de setas ni de higos de ninguna clase. (DB., 27.10.1855)

I sorgí una nova creuada contra el bolet, un dels causants de les plagues que cada any, de manera cíclica, feia estralls. Els pobres bolets, que ja havien estat caçats al bosc, ara ho eren als mercats: *en la propia plaza, se proseguía con buen éxito la persecución de las setas.* (LC., 3.11.1861)

Però com sigui que en el decret de la prohibició s'explicitava que la venda de bolets quedava prohibida als mercats, de manera laxa es podia interpretar que fora dels mateixos la interdicció no hi arribava, com és el cas d'aquest anunci casolà: *Hay una partida de setas, (vulgo muxarnons), para vender, al por mayor y menor. Calle Gombau n.º 10, 2º piso*; el carrer referit és a tocar del mercat de santa Caterina. Aquests bolets gaudien ja llavors de bona estimació, iclús com a ús medicinal: *Pel mal de ronyons, suc de moixernons.* (DB., 8.1.1862)

Sortiren, però, bons defensors del bolets, persones que precisament s'havien distingit en la lluita pel bé de la salut de tota mena de gent. Un, ja

41 *El Lloyd Español. Diario marítimo y de intereses mercantiles*, 8 novembre 1865. – El diari reflectia l'estil de la nombrosa premsa marítima anglesa ocupada en el tràfec i en el comerç navilier: càrregues dels vaixells, ports, cotització de les mercaderies, normatives dels fars i banderes, etc. No obstant, també hi havia cròniques locals de caràcter social, polític i cultural. Es publicà entre 1861 i 1868.

l'hem citat, fou el gran defensor de la necessitat d'aterrar les muralles perquè la gent que vivia apilonada als barris de sant Pere, la Ribera i el Raval passessin a viure de manera més airejada i sana fora de les muralles. Sabem com l'especulació, barrejada amb la incapacitat municipal, frustraren els propòsits de Felip Monlau. Però pel que fa als bolets, el metge-higienista en el seu tractat ja citat, deia: *Prudente será también cortar siempre las setas á pedazos y dejarlas macerar dos ó tres horas en vinagre ó en agua muy salada, antes de guisarlas: dichos liquidos disuelven el principio venenoso y deben tirarse. Si á pesar de todo ocurriese alguna incomodidad, ó se notaren señales de envenenamiento, se promoverá el vómito. Si el individuo tardase en vomitar, ó despues del vómito persistiesen las señales de intoxicación, se le harán tomar algunos sorbos de vinagre, de éter ó de agua salada; y en todos los casos se avisará al médico con la posible presteza.*

Les autoritats es movien amb molts dubtes, hi havia anys en els quals els prohibien, d'altres els indultaven. A la tardor de 1865 foren tornats a condemnar, però malgrat tot en foren trobats al mercat del Pedró: *En el del Padró se presentaron ayer mañana arroba y media de setas ó buléts, para su venta, siendo decomisados por el concejal encargado de aquella plaza D. Severo Modolell, quien dio parte de esta determinación al Sr. Alcalde corregidor el que no sabemos si habrá impuesto la multa de 200 rs.* (ELL., 8.10.1865)

En aquest esforçat combat arribem a la temporada de 1872, quan foren intervinguts pels inspectors municipals, només a la Boqueria, quasi una tona de bolets durant el mes d'octubre. (LI., 31 oct. 1872)

Més endavant, cap el 1884, sols es permeté la venda de rovellons; les autoritats tenien cura de la salut dels altres però sobretot de la pròpia.[42]

> Parece que se trata de proscribir sino se han proscrito ya de la venta, temporalmente y mientras duren las actuales circunstancias, las setas de todas clases.

I anant més enllà encara, a les darreries de l'any, el diari *La Dinastía* tenia el coratge de presentar la solució definitiva a qualsevol dubte sobre els bolets perillosos dient que *para conocer si las setas son ó no venenosas, se pone á cocer media cebolla blanca (separada su membrana exterior) con las setas; si*

42 *La Dinastía. Diario Político, literario y mercantil.* 4 juliol 1884. – Defensor del partit conservador de Cánovas del Castillo, sortí entre 1883 i 1904. Fou un diari partidari de la monarquia dels borbons a Espanya i de manera ferotge enemic dels republicans i no cal dir dels corrents i anticlericals. S'editava a Barcelona.

la cebolla toma color azulado ó pardusco, las setas son venenosas; si la cebolla permanece blanca, las setas son buenas. Hem parlat amb entesos sobre la matèria i ens han dit que la interpreten més com un acte de bon desig que no pas fruit d'un bon coneixement o rigor científic.

Però no s'aturava l'arribada de notícies funestes que la premsa aprofitava per dissuadir i desanimar la menja d'aquell producte:[43]

> En el pueblo de Castellnou de Seana (Lérida) acaba de ocurrir una sensible desgracia, que ha sembrado la consternacion entre aquel vecindario. Es el caso que la familia de Francisco Porta compuesta de un matrimonio dos hijas, habia comido setas; despues de una terrible noche amanecieron las dos hijas muertas y sus padres en gravísimo estado sobre todo la mujer, la que se desconfia salvar. En Arbeca sucedio la semana pasada otro caso semejante. Deploramos tales desgracias, que deben poner sobre aviso los aficionados.

A l'octubre de 1885, davant d'aquell corrent prohibicionista, sorgia un clam desafiador i antiautoritari: «La nueva Andorra». Es tractava d'una mena de mercat organitzat en un racó del poble de Sant Gervasi i a prop de Sarrià. La premsa el denunciava dient que *todo lo que se vende allí, es lo que está prohibido vender en otras partes.* No podem negar la part seductora de la solemne afirmació, probablement exagerada i demagògica, però que suscita en la nostra humanitat un interès salvatge de la part encara no domesticada, sortosament, de molts de nosaltres. I evidentment, allà hi havia tota mena de bolets, possiblement alguns dels quals et podien portar al traspàs definitiu. El que més enutjava als benpensants, a la gent polida i d'ordre, era que els preus de les mercaderies de «La nueva Andorra» eren molt més econòmics que els de Barcelona. Aviat es convertí en el mercat de la gent humil i tafanera. El seu èxit al servei social, però, el convertí en la seva sepultura al sotmetre'l les autoritats a un control asfixiant.

Sortint dels bolets: quan arribà el dia de la Mercè, patrona de la ciutat i dels presidiaris, l'Ajuntament donà diners en forma de tiquets als carnissers perquè aquests lliuressin paquets de carn pels presos de Barcelona. El que passà és que els reclusos protestaren perquè la major part de la matèria rebuda

43 *Crónica de Cataluña. Periódico liberal de Barcelona,* 2 octubre 1882. – Era l'òrgan del partit liberal progressista català, encara que era anti-republicà. Malgrat el seu subtítol, tenia un tarannà conservador.

no era carn sinó ossos, i dels grossos. L'Ajuntament, es diu, va sancionar als defraudadors.[44]

Creixement de la Boqueria. La vaga de les verduleres de 1852

No es pot passar per alt una innovació molt important que les autoritats de la ciutat i de la Boqueria introduïren al mercat a l'agost de 1848, el mateix any en que el Duque de Ahumada fundava el cos de la Guàrdia Civil i s'estrenava el primer ferrocarril del país. Ni més ni menys, que unes comunes per a les urgències en primer lloc dels venedors i venedores que tantes hores estaven al peu del seu canó, i després per a les urgències no sempre previsibles dels compradors:

> – Hemos visto con satisfaccion colocados en la plaza mercado de la Boquería unos lunares escusados muy decentes y con asiento de mármol, destinados para uso del público. Felicitamos al señor concejal D. Antonio Vidal, director de aquella plaza, por haber suscitado la introducción de una mejora, que quisiéramos ver introducida en varios puntos de Barcelona. (DB., 2.8.1848)

Ens queda el dubte, però, de si el marbre era el material més adequat per a la comoditat dels usuaris, sobretot a l'hivern.

Seguint amb el tema del creixement del nostre mercat, per fi ens trobem que surt a subhasta la construcció de la nova peixateria. Era una vella reivindicació la d'alliberar la Rambla d'aquelles barraques, i per a alguns, de la *mala olor* del peix; era el novembre de 1848. A la fi, un any i mig més tard, s'inaugurava el nou espai al lloc denominat avui amb el nom plaça de sant Galdric. Observem no obstant, que així que la Boqueria es feia més gran, de seguida quedava petita; era incessant la demanda de nous paradistes que s'hi volien assentar. Ara ens trobem que malgrat que el peix ja és a dins del mercat i sembla que la Rambla queda neta i desembarassada, als pocs dies s'hi instal·la de nou un altre rengle de parades que arriba a Betlem; es tracta de parades de fruita i aviram:

44 *La Vanguardia*, 30 setembre 1884.– Aparegué el 1881 amb una línia liberal, i el 1887 fou comprat per la família dels Godó. No consta que mai hagi defensat una trajectòria ideològica diferent a la del règim governant de torn; així, després de la seva professió franquista, ha estat alineat, fins i tot, amb el nacionalisme pujolista.

> Hemos visto introducidas algunas innovaciones en el arreglo de puestos del mercado de la Boquería. No siendo la plaza bastante capaz para contener a tan gran número de vendedoras, se ha colocado una línea de las que tienen puestos, de fruta y volatería frente la acera de las casas de la Rambla. (DB., 9.9.1849)

A més, la premsa no havia dit tota la veritat quan havia anunciat que totes les peixateres havien entrat dins del mercat, perquè algunes no hi van cabre. Aquestes, van seguir a la Rambla un altre any i mig. Ara, la notícia era que

> desde ayer quedó habilitada la nueva pescadería del mercado de la Bocaría. Es de esperar que desaparecerán cuanto antes los viejos armatostes que formaban la antigua, y que tanto afean el paseo de la Rambla. (DB., 13.2.1850)

Les autoritats emprengueren negociacions perquè el passatge de la Virreina fos obert pels dos extrems, de manera que des de la Rambla es pogués arribar directament a la nova peixateria, convertint-se així aquell pas en un nou accés a la Boqueria; d'altra banda, els propietaris d'aquell palau accediren que a l'interior del nou passatge s'hi instal·lessin parades a les dues bandes,

> –Sabemos que desde mañana domingo estarán ya abiertas todas las tiendas de géneros y comestibles del nuevo pasaje de la casa conocida por la Virreina, en el mercado de la Boquería, en que no dudamos será muy concurrido y de mucha comodidad para el público.[45]

Aconseguit aquest passadís comercial per a les peixateres de la plaça de sant Galdric i el públic en general, el nou propòsit era acabar d'obrir el tram del carrer de les Cabres, a tocar del carrer del Carme, on encara hi havia una edificació; l'Ajuntament expropià la finca i l'enderrocà, quedant així obert un altre camí a la Boqueria.

L'entrada del carrer de l'Hospital des de la Rambla ja sabíem que era plena de venedors, però a l'inaugurar-se la Boqueria el 1840, aquells foren expulsats. Però deu anys després, com una onada que va i torna amb més força, el vell espai s'omplí de nou, fins i tot amb taules, balances i tendals, de manera que l'Ajuntament es veié obligat a acceptar-los malgrat algunes queixes, com aquesta:

45 *El Popular*, 28 agost 1849. – Aquest era un *Diario de la tarde* que no sortia els diumenges. Es professava antirevolucionari, però també antireaccionari i enemic de l'oposició ultraconservadora; estava adscrit al Partit Moderat. Era de tendència centrista, defensora del liberalisme i la monarquia.

> Se ha vuelto á abrir una especie de mercado en la calle del Hospital cerca de la iglesia de San Agustin, el que, en cumplimiento de lo dispuesto en el bando de buen gobierno, deberia hacerse desaparecer en obsequio del público y de los vecinos de la insinuada calle, con tanto mayor motivo, cuanto siendo esta de las mas transitadas por carruajes, su paso debe de estar libre y espedito si quiere evitarse el que sucedan frecuentes desgracias. (DB., 301.1851)

Ens trobem a primers de desembre de 1851. Durant la primera quinzena del mateix any el mercat del Pedró era un eixam de venedores, compradors, comerciants, carros, camàlics i gent que sense comprar ni vendre s'esforçava per guanyar-se la vida; no hi cabia ningú més, de manera que la venda s'havia estès pel carrer d'En Botella. Situar-se en aquest carrer tenia l'avantatge que no es pagava cap tribut: *Anteayer desapareció el nuevo mercado que se había establecido de algún tiempo á esta parte en ambas aceras de la calle de Botella con notable molestia de los transeúntes y de los habitantes de la misma. Los vendedores que, ó por no caber en la plaza del Padró, ó por eximirse de la cuota que debieran pagar en los otros mercados, habían establecido allí sus reales, tuvieron que abandonarlos á la inflexible voz de un municipal.*[46]

* * *

Passades les festes de Nadal i d'any nou, el ministeri d'Hisenda espanyol que era en primera instància qui més recaptava de les taxes per l'entrada de mercaderies de totes les ciutats, opinà que era un bon moment per apujar les tarifes a tota mena de verdures i peix que entressin a Barcelona; l'assumpte era greu, llavors no hi havia pagues dobles ni vacances ni seguretat social, senzillament es cobrava per dia treballat i prou. Les malalties eren un doble càstig: el mal per ell produïen i la privació del salari. Les autoritats centrals pensaren que no n'hi havia per tant i que els torrons i les neules haurien estovat les consciències de la pagesia barcelonina, i decretaren un fort augment dels impostos per introduir aquells productes a partir del primer de febrer. L'administrador del dret de portes a Barcelona notificà al Consistori la nova taula de greuges que havia rebut i que entraria en vigor el proper dia 1 de febrer. Aquell dia, explicava la premsa, *ayer aparecieron completamente*

46 *El Áncora*: 12 desembre 1851. – El subtítol ja explica la seva orientació: *Diario religioso-social, económico-administrativo, literario, mercantil, de noticias y avisos.* Va aparèixer el 1850 amb l'intent de frenar les noves idees del progressisme polític i de la crítica a l'església catòlica.

desiertos los puestos destinados para la venta de las verduras en la plaza mercado de la Bocaria. I el mateix passà el dia següent: *El mercado de la Boquería estaba ayer también completamente desierto de verduleras. Unicamente se presentaron dos sugetos cuyas provisiones fueron compradas como por asalto.*

Al quart dia aparegué una mena d'esquirol, oportunista i temerari; fixem-nos també en el llenguatge masclista i insultant de *El Áncora*:

> –**Víctima del furor de las verduleras.** Según se nos ha informado, ayer ocurrió en la plaza de la Boquería un lance joco-serio entre las revendedoras de hortaliza; un hombre que se presentó en el mercado con una carga, esperando aprovecharse de la paralización de la venta de dicho comestible. Arrojáronse sobre el infractor del pronunciamiento todas ellas, después de haber despedazado el contenido de su carga, fué arañado por aquellas furibundas arpías. Es inútil advertir que la contienda iría acompañada de diálogos interjecciones edificantes, que acudió luego la autoridad sosegar aquel tumulto del sexo feo aunque femenil, pero que ha sido bastante para privar hoy de verdura los habitantes de esta capital. (EA., 4.2.1852)

La por paralitza les persones i posa el dubte a les consciències; afebleix la coherència entre allò que pensem i allò que creiem que s'hauria de fer. Un dels deures més importants en l'estratègia del govern dels súbdits és el d'infondre la por mitjançant el poder executiu, és a dir, fer complir la llei amb amenaces i si cal amb la força bruta i la presó; amb el poder legislatiu (lleis punitives) i el poder judicial, que impartint justícia aplica les penes. Montesquieu la va encertar quan digué: *Una cosa no és justa pel fet de ser llei. Ha de ser llei perquè és justa.*

El moviment s'estengué a tots els mercats, també els pagesos de l'horta valenciana s'hi afegiren, demanant tenir més marge per portar els productes als mercats de la ciutat.

A Barcelona, un dia més seguia el conflicte

> – Nuestras plazas siguen completamente desprovistas de verduras. En la mañana de ayer una mujer que las vendía en pequeña cantidad en el Borne, fué causa de un momento de barullo, ya por el precio escesivo que pidiese de la misma, ó porque hubiese algunas personas interesadas en que no se verificase la venta de aquel artículo. (DB., 5.2.1852)

Els nostres pagesos de les rodalies, cansats de discutir en va amb l'Ajuntament, decidiren escriure a la reina d'Espanya. Això no agradà a les autoritats municipals, però creiem que sa majestat aprofità la demanda per intentar establir simpaties amb aquella Barcelona ressentida i que tant lluny d'afecte estava amb la cort, i el govern volgué intercedir. De pressa s'inicià un període de negociacions amb el gremi de pagesos i peixaters per tal d'arribar a un acord amb unes altres tarifes més raonables; llavors també l'Ajuntament s'hi afegí defensant la ciutat,

> Ayer mañana vimos con gusto que en el mercado de S. José había muchas paradas de verdura, y que se compraba y vendía tranquilamente todo género de hortalizas, inclusas las coles, que parecen ser el artículos que ha sufrido mayor recargo en las nuevas tarifas. En el interés de los cultivadores, así como del público, que es el que consume sus productos, deseamos que se verifique pronto el convenio amistoso de que trataba la Real órden que insertábamos en el número del lunes último. Parece que la dificultad para verificar un convenio con los hortelanos, consiste en que además de las verduras de las huertas de San Beltrán y de la Puerta Nueva, principales puntos productores, vienen las que se cultivan en todas las inmediaciones de esta capital y por lo tanto ofrece algunos obstáculos el entenderse por un precio alzado con tan diverso número de personas. (DB., 7.2.1852)

Sembla que el conflicte s'anà apaivagant i que es va arribar a un entremig entre l'augment que havia ordenat el govern i el que demanaven els pagesos recolzats pels ciutadans.

No hem de perdre de vista ni de memòria, que a mitjan del segle XIX a Barcelona els treballadors venien a treballar entre 7 i 8 mesos l'any. El calendari era ple de festes religioses i patriòtiques; hi havia moltes aturades per raons meteorològiques, falta de subministres i conflictes socials. Ollé i Romeu citant l'estudi d'Ildefons Cerdà, diu: *Entre el 90 i el 91% de la classe treballadora treballava entre 6, 7 i 8 mesos l'any.*[47] També la fi de la sagnant primera guerra carlina comportà el retorn de molts homes que en arribar engruixien el nombre de parats provocant la baixa de salaris. Es calcula que entre 1850 i 1862 els salaris minvaren un 11%, mentre que el cost de

47 Ollé i Romeu, Josep M.: *El moviment obrer a Catalunya. 1840/1843*. Ed. Nova Terra, 1973.

la vida s'apujà en un 36,1%.[48] I respecte a l'alimentació, el metge Joaquim Font i Mosella en un informe deia que[49]

> Sustancias feculentas, frutas, verduras y abadejo casi siempre son los principales alimentos de los jornaleros. Los derechos de puertas que se pagan en esta ciudad influyen también en que siendo la carne más cara que en los pueblos vecinos, no la compren; y estos mismos derechos inducen a los especuladores codiciosos a introducir en la ciudad carne indigesta y poco nutritiva, y a sofisticar algunos otros alimentos y bebidas, especialmente el vino y el aguardiente, que son de las más usadas por ellos.

Quan plou sobre mullat; la lluita pels aliments de bona qualitat

L'arribada de públic a la Boqueria anava creixent i la demanda de queviures també. Ara bé, a partir de 1854 i durant un parell d'anys les plagues bíbliques semblen haver triat Barcelona per descarregar els seus maleficis; foren els anys durant els quals els treballadors del tèxtil es revoltaren contra l'arribada de màquines més modernes que els expulsaven de les fàbriques, a la vegada que els hi era prohibit el dret d'associació; foren cremades diverses fàbriques al Raval i els treballadors insurrectes exiliats a Guinea i als llocs més insalubres d'Amèrica. L'atur fou una de les plagues; una altra, el còlera de l'estiu de 1854.

L'any 1841 l'Ajuntament ja havia convocat un concurs, molt intencionat, proposant idees sobre *las ventajas que reportaría el derrocamiento de las murallas*. Guanyà el treball del metge higienista Pere Felip Monlau, amb el títol «*Abajo las murallas!!!*». Aquest clam, però, si bé era de tots els barcelonins, no ens enganyem, no tots les volien aterrar amb els mateixos propòsits, entre ells hi havia un grapat de prohoms que es delien per especular amb els milers d'hectàrees que hi havia més enllà del cinturó militar... S'hagué d'esperar l'agost de 1854, durant l'anomenat bienni progressista, perquè els militars es trobessin obligats a autoritzar la seva demolició.

Atenent que Barcelona passava un dels moments més difícils de la seva història, l'Ajuntament posà en mans dels milers d'aturats l'aterrament de

48 Izard, Miquel: *Industrialización y obrerismo*. Ariel, 1973.

49 Font y Mosella, Joaquín: *Consideraciones sobre los inconvenientes que irrogan a la salud de los jornaleros las fábricas de vapor.* Barcelona, 1852.

les tristes muralles de la ciutat. Com sigui que la destrucció es va fer per jornals treballats i no a preu fet, la feina es va fer ben feta i ben a poc a poc. Podem considerar que la destrucció de les muralles de Barcelona va constituir un dels fets més rellevants de la llarga història de la vella Barcino; durant la primera part del segle XIX la ciutat havia viscut més de dos terços del temps sota la jurisdicció militar, cosa que equivalia a un estat d'excepció permanent. Hi havia vuit casernes de tropa i onze hospitals, una presó on interns i internes duien una vida agònica; les condicions d'higiene i alimentació eren extremadament malsanes. L'enderroc dels sis quilòmetres de murs amb les seves 70 torres de vigilància va comportar l'alliberament de més de dos milions de metres quadrats de sòl; també hem de recordar que a l'interior del recinte hi havia 27 esglésies i 40 convents. Tot plegat explicava l'amuntegament dels veïns i el perquè patiren sis epidèmies en només seixanta cinc anys. El jove i bon republicà Conrad Roure escriví uns anys després:[50]

> (…) un nuevo y nefasto acontecimiento, de los muchos que en aquel entonces conmovían de continuo la ciudad, vino a sembrar la desolación, la miseria y la muerte en la muy querida Barcelona.
>
> Me refiero al cólera del 54.
>
> Los casos fueron en un principio pocos y aislados; pero pronto la propagación del mal tomó caracteres de epidemia horrorosa y, ante el sinnúmero de defunciones cotidianas, el terror se apoderó de los ciudadanos barceloneses. (...)
>
> A las pocas semanas de iniciada la epidemia, la ciudad presentaba un aspecto de desolación imponente. (…)

També la Boqueria perdé la seva vitalitat, allunyant-se la gent els uns dels altres; els temors dels contagis omplí la ment i els espais emocionals del personal restant solitària la plaça, com fins fa ben poc, avui, encara amb la pandèmia. Una diferència, però, és que llavors l'epidèmia s'endugué el 3% dels barcelonins, i la d'ara –febrer de 2022– amb molt de soroll i política, el 0,8‰ (per mil).

L'empobriment de la ciutat arrossegà molt malestar; hi hagué un retrocés sanitari, tancament de botigues i comerços i augment dels pobres; respecte a la Boqueria, un increment en les adulteracions dels productes i del seu mal estat. També i segons l'ordre de conservació de la naturalesa, creixeren els

50 Roure, Conrad: *Recuerdos de mi larga vida*. Vol. I. Biblioteca El Diluvio, Barcelona, 1925.

robatoris; ja pels volts de Nadal, *en la mañana de ayer, un pillote cargó con un pavo en el mercado de la Boquería, mas viéndose acosado por los vendedores, soltó su presa para correr mas ligero con lo cual pudo escapar á sus perseguidores.* Una mica més: *En los últimos días de la semana que acaba de espirar, fué robado un saco de patatas á un hortelano que tenia su puesto en el mercado de la Boquería. (...) El domingo por la mañana desapareció del cesto de una muchacha de servicio un escelente pescado. (...) También fue arrestado ayer otro individuo que fue sorprendido in fraganti apoderándole de un saco de patatas en un puesto de revendedor del mercado de la Boquería. (...) Los rateros hacen proezas en el mercado de la Boquería. Anteayer á una criada le robaron un cartucho de cuartos; ayer fueron detenidos tres ó cuatro personas: una de ellas había robado un saco de alcachofas, otra algunas pesetas del bolsillo de un caballero, y otra algunas monedas del bolso de una señora. (...) Parece que anteayer noche fue sorprendida una cadena y no magnética de raterillos, que iba vaciando una mesa llena de dulces y panecillos que se había establecido en la plaza de la Boquería. (...) Anteayer fueron arrestados dos hombres y una mujer por hurto de cuatro cabezas de ganado lanar, esto es, dos carneros y dos machos cabrios. Parece que el hecho tuvo lugar en el mercado de la Boquería. (...) Ayer mismo fué sorprendida cuasi infraganti, presa y puesta á disposición de la autoridad á los efectos oportunos, cierta mujerzuela que introducía su osada mano en los bolsillos de los concurrentes al mercado de la Boquería. (...) Ayer á las seis de la mañana fué preso un hombre que acababa de robar un saco de patatas de un puesto del mercado de la Boquería. Iba provisto de una larga y afiladísima navaja. (...) Ayer fué preso un ratero que había tenido la audacia de robar un capazo lleno de judías en una tienda, que según creemos, del mercado de la Boquería. (...) En la mañana de ayer en el mercado de la Boquería fué detenida una gitana acusada de haber robado una partida de napoleones*[51] *del bolsillo de una mujer, cortándoselo por medio de unas tijeras. (...) Ayer en el mercado de la Bocaría fue presa una muger que vendía algunas gallinas, cuatro pares de palomos y un conejo que también habían sido robados. (...) Ayer fué sorprendida una muger en el acto de cargarse á cuestas un saco de Patatas que acababa de robar en el mercado de la Bocaría.*

Podríem arribar a avui; al cap d'avall les coses segueixen més o menys igual. Arreu on hi ha abundància, millor dit, persones amb sobres i excedents apareixen persones expropiades del mínim per a subsistir i ara

51 El napoleó fou la moneda creada a Espanya entre 1809 i 1813, durant la invasió francesa. Equivalia a 8 maravedís.

intenten rescabalar, compensar... L'excusa de que molts roben sense necessitat, o per mandra i no haver de treballar, no disculpa ni canvia la realitat. Parlem del robatori com a mitjà de re-apropiació d'allò que ha estat usurpat per qui ja està fart, de qui morirà amb l'esquena trencada pel pes de tants diners i béns. Ja està sentenciat: *La propietat és un robatori. Com més treballa un home, menys guanya; com menys produeix més benefici treu. (...) ¿Heu vist alguna vegada un rendista fer-se lladre? Però jo que no sóc ni rendista ni propietari, que no soc més que un home que sols té els seus braços i el seu cervell per assegurar la seva conservació, he hagut de comportar-me d'una altra manera. La societat només em concedia tres classes d'existència: el treball, la mendicitat o el robatori. Allò que més m'ha repugnat és haver de suar sang i aigua per l'almoina d'un salari, crear riqueses de les quals seré frustrat. La mendicitat és l'envilimen, la negació de qualsevol dignitat. Qualsevol persona té dret al banquet de la vida. El dret a viure no es pidola, s'agafa. El robatori és la restitució, la recuperació de la possessió.*[52]

Ho expressà molt bé el metge i pensador anglès del S. XVII John Locke: *On no hi ha propietat, no hi ha injúria.*

* * *

Tot ens fa pensar que hi havia dues menes de venedors o venedores a tots els mercats: aquells que sols miraven pel seu benefici, renunciant a qualsevol respecte a la salut i benestar de les compradores, i les que les hi tenien una gran consideració i estimació. Cal afegir les que sense massa criteris, per no perdre la clientela coneguda, la respectaven i no l'enganyaven ni en la qualitat ni en el pes d'allò que despatxaven; altra cosa pot ser els passavolants, els de compra ocasional i els desconeguts.

De vegades hem pensat que tot allò vell i antic era millor que el que ara tenim; hem de pensar que darrera les mercaderies i tot allò que passa pels diners, hi ha el subjecte humà, i aquest és molt sensible a categories com benefici, treball, honradesa...

La guerra pel pa de bona qualitat era incessant; la gent pobre menjava el pa de munició; es tractava del pa dels soldats i dels interns de les presons; quan un pa era dur o dolent la gent deia *aquest pa sembla de munició; no hi ha qui se'l pugui empassar*. Llavors no hi havia la dèria del pa integral, senzillament la

52 Jacob, Marius: *Porqué he robado. Los trabajadores de la noche.* (1905). Etcétera, 1997. Barcelona.

gent volia que el pa fos d'una bona farina de blat, ben fet, cuit. També el blat d'espelta, avui tant apreciat, havia arribat a desaparèixer com a consum dels humans per passar a ser aliment pel bestiar. D'altra banda malalties com la dels celíacs no eren conegudes. Quan el blat escassejava, entrava a substituir-lo la farina d'ordi (*cebada*), de sègol (*centeno*), incloses la farina de blat de moro i guixes (*almorta*). De tant en tant apareixien notícies com aquesta:

> Los dependientes de la autoridad sorprendieron en un puesto de venta de los del mercado de la Bocaria, una buena cantidad de panes de seis y nueve libras, de calidad muy adulterada y sumamente perjudiciales para el consumo. (DB., 30.7.1851)

Això es repetia sovint a tots els mercats. L'Ajuntament va fer analitzar aquella matèria *que presentaba graves indicios de contener sustancias estrañas y nocivas á la salud. Altres vegades el problema més greu no era la qualitat sinó la manca de pes: el director del mercado de la Boquería vióse obligado á tener que decomisar un gran número de panes de á media libra por estar faltos de peso todos ellos.* (EA., 15.2.1854). Un altre dia, un funcionari descobrí *una porción de panecillos, vulgo «llonguets», cortos de peso.* (DB., 24.10.1856)

Cap el 1857 el preu del pa a Barcelona era tan escandalós que l'Ajuntament envià una comissió per veure quines eren les condicions d'aquell aliment bàsic a les rodalies, trobant que en general era força més econòmic, de millor qualitat i de bon pes. Als dies següents quantitats considerables de pa començaren a arribar a unes taules que el Consistori havia fet posar al carrer de Jerusalem de la Boqueria i a altres mercats com el Born, la plaça del Pedró i Santa Caterina. Aquell pa *d'importació* es venia a cinc cuartos la lliura; mentre en altres indrets com per exemple Madrid, les autoritats volien arreglar-ho de manera insultant i de menyspreu a la població senzilla, ja que estaven *recomendando igualmente el pan misto de trigo y patata, que en su concepto es muy sano.* Més tard es va destapar, com tantes vegades, que l'escassetat era deguda a l'acaparament del blat; així provocaven la pujada dels preus i quan aquests eren ben alts començaven a vendre'l a poc a poc. És evident que amb aquest afer tan criminal solien ser-ne còmplices alts funcionaris que, si no ho havien propiciat ells, sí que sabien el què passava en els rerefons de la ciutat.

Deixant de banda el pa i passant al peix i les carns, la qüestió no millora gaire; tenint en compte que llavors no hi havia neveres o aparells de refrigeració, els productes que ara tractem estaven condemnats a ser venuts aviat, i quan no era així entraven en descomposició; això feia que la temptació de prolongar la venda una vegada la matèria entrava en la seva decadència orgànica fos gran: *Varios compradores que concurrieron el lunes por la noche al mercado de la Boquería, se admiraron de ver que en un puesto de la pescadería se vendía pescado en un estado de completa putrefacción.* (EA., 1.11.1850). Una altra notícia:

> –Fué retirado ayer de la pescadería de la Bocaria, una considerable cantidad de pescado averiado que la sed de ganancia de algunos vendedores tenia espuesto á la venta á pesar de ser nocivo á la salud pública. También fueron retiradas algunas aves ya en estado de corrupción. Dichas cosas fueron arrojadas en sitio oportuno y los vendedores apercibidos. (EA., 17.9.1852)

De manera curiosa, els preus del mercat del Pedró eren superiors als de la Boqueria; no hem trobat l'explicació, i ens quedem en suposicions: potser els aliments del Pedró, eren de més bona qualitat, i per tant més cars? en canvi en aquesta plaça solia comprar-hi de manera majoritària la gent treballadora del Raval. Tampoc no hem trobat una sola notícia dient que al Pedró hagin estat intervinguts aliments en mal estat, qüestió quotidiana a la Boqueria. Les autoritats arribaren a témer que la fama i el bon nom d'aquest mercat es perdessin, la gent protestava perquè es sentia robada sovint per la manca de pes i estafada per la qualitat. El diari que ja hem citat, *La Corona*, llençà una protesta amb el títol

> ¡QUE NOS ENVENENAN! -En la plaza mercado de San José fueron descomisadas ayer mañana enormes cantidades de tomates, setas y otras frioleras por el estilo, capaces de envenenar, por lo superior de su calidad y escelentes condiciones al hércules de la Font del Vella.[53] Sabemos también de un amigo nuestro, que anteayer tuvo que destinar al escusado en lugar de la cazuela, unos calamares comprados momentos antes por la sirvienta en dicha plaza. Recuérdese que en las plazas de abastos y especialmente en las pescaderías hay unos empleados á quienes se conoce con el nombre de revisores. –¿Qué diablos revisarán estos caballeros, cuando asi se introducen artículos averiados? –De fijo que tienen mejores ojos para firmar la nómina, que para ver si se trata de vender gato por liebre. (LC., 26.10.1863)

53 La font d'Hèrcules, obra de l'escultor Salvador Gurri, és l'estàtua més antiga situada en un carrer de Barcelona. Fou construïda a finals del segle XVIII. La font estava situada inicialment al Passeig de l'Explanada, davant el baluard de la Ciutadella. Al 1928 va ser traslladada a l'encreuament del Passeig de Sant Joan i el carrer Còrsega.

Entrats en la temàtica de l'aviram, aquest havia arribat a la seva plenitud del segle. En una crònica de l'inici de la dècada de 1860, el seu autor explicava haver comptat *cuatrocientas veinte vendedoras de volatería en el mercado de San José, las cuales ocupaban á doble fila toda el ala derecha de la Rambla de la Boqueria y parte de la de los Estudios (...) Esto independientemente de los mercados del Borne, Isabel II, Barceloneta y Padro y de las mujeres que venden dicha volatería por las calles...*

Menjar pollastre, gallina, aus de caça era una bona tria; hi havia qui es dedicava a tenir gallines per vendre-les, però no es tractava de les granges que ara coneixem, ni per la concentració d'animals ni pel què menjaven; respecte a les aus de caça, sabem que ara és una carn pràcticament inexistent als nostres mercats. Ara bé, l'enginy i inventiva dels venedors per fer créixer el calaix, eren quasi infinits; mirem què se'n podia fer d'una pacífica gallina:

> –Se nos ha referido que hace pocos días una criada compró en uno de los mercados de esta capital una gallina muerta, y estaba orgullosa de su adquisicion, pues el animal presentaba un volumen estraordinario y no había costado un precio escesivo. Mas fué grande su sorpresa cuando en el instante en que aplicó sobre la piel del mismo la punta de un cuchillo perdió instantániamente sus formas, viniendo á quedar como un esqueleto de flaco, pues estaba henchido de viento. Los empleados de la Boquería han observado mas de una vez que hay vendedores que por medio de un sistema cuyo mecanismo se nos ha esplicado, saben rellenar las gallinas y otras aves de viento y de agua, cual lo hacen los desolladores de reses, presentándolas con unas formas deslumbrantes. (DB. 5.7.1856)

Segons el director de torn de la Boqueria hi havia temporades en que la disciplina era més rigorosa que altres; les multes queien segons criteris no massa definits i mercaderies de vegades en bon estat, confiscades. Quan es tractava d'estafes per la falta de pes, s'acostumava a castigar amb més rigor, i els aliments llavors eren portats a les cases de beneficència; el bacallà i el peix retornaven amb ironia al seu medi natural, el mar, d'on tan sans havien sortit, mentre que les carns i altres productes ja passats eren recollits pels escombriaires.

També a l'estiu i tardor trobem que resulten confiscats tomàquets, bolets, figues i altres fruites, *cuyo uso podia ser nocivo á la salud.* Un dia un inspector de la Boqueria volgué confiscar els tomàquets d'una pagesa perquè cregué que estaven molt macats i passats per vendre'ls; però la dona se li encarà dient-li que no els tenia allà per vendre'ls sinó que era menjar per aquells qui tenien gallines.

Les carns dels quadrúpedes també s'afegien als altres productes aprofitats més enllà de la seva caducitat higiènica:

> –Nos vemos precisados á escitar nuevamente la atención del Cuerpo municipal acerca la mala calidad de la carne que se espende en algunos puestos de los mercados, en especial de la de buey y de ternera (...) sabemos que habiendo anteayer al medio dia ocurrido una necesidad en una casa respetable de esta ciudad se envió á comprar media gallina en el mercado de la Boquería y que se la encontró en tal estado de putrefacción que ocasionó un trastorno á toda la familia. (DB., 20.6.1850)

Tancarem aquest apartat que ens pot haver deixat un mal gust de boca amb dues bones notícies: l'arribada a la ciutat de gent que venia de molt lluny per endolcir les penes que arrossegava molt del personal de la ciutat:

> Han establecido ya sus reales á la entrada de la Rambla de la Boqueria las montañesas vendedoras de turrones de Agramont, y pronto como anuncio precursor de las fiestas de Navidad, vendrán á hacerles compañía los turroneros de Jijona y Alicante. A una de las primeras trataron de estafarla dándole monedas falsas. (DB., 2.12.1855)

I la segona, l'establiment i consolidació de les floristes de la Rambla: *La víspera de San Antonio se contaron hasta ciento setenta vendedoras de flores en la Rambla de los Estudios.* (DB., 24.6.1861). Efectivament, les floristes en principi van establir-se a partir de l'església de Betlem amunt, davant l'Imperial i Reial Seminari de Nobles de Cordelles (actual magatzem multinacional d'alimentació, en un edifici nou) on estudiaven els fills de famílies aristocràtiques i adinerades; aquells nois anaven vestits amb uniformes de la noblesa i els dies festius portaven espasa.

Les floristes no pogueren accedir a l'emplaçament actual fins que totes les parades que hi havia davant el mercat passaren al seu interior. La notícia ens parla 170 venedores de flors... Aquella Rambla, de veritat començava a fer goig.

Quan la misèria genera violència

–Ayer por la mañana fué detenido y conducido á la Alcaldía por los agentes de policía, un hombre que fue hallado en la plaza mercado de la Boquería alborotando é insultando descaradamente á un municipal por quererle corregir sus desmanes.

–Habrá cosa de dos ó tres dias que fue preso un chiquillo de diez años por haber herido á otro de igual edad llamado Francisco Furet. Parece que había mediado entre ellos algun disgustillo, y el que se creyó agraviado vengó su afrenta acometiendo á traición y cuchillo en mano á su ofensor que se hallaba haciendo sus correrías por el interior de la Bocaría.

–Para que se vea el estado de abandono en que viven [mujeres y rateros de corta edad], particularmente aquellas desventuradas, ahora durante el invierno duermen algunas sobre las mesas de los cortantes en la plaza mercado del Borne, y pasan allí la noche á la inclemencia y sujetas á todos los rigores de la estación, y una hora antes de amanecer cuando comparecen en el mercado los primeros vendedores, se levantan de su miserable lecho, siendo algunas veces escarnecidas, y las más, objeto de triste compasión.

–Una señora y una pescadera hubieron de trabarse de tal modo de palabras el 16 por la tarde en el mercado de la Boquería de Barcelona, que la primera, amen de verse amenazada, sufrió varias averías en su vestido causadas por su contrincante. Sabemos que la autoridad entiende en este suceso y que trata de poner coto á los desmanes de esta especie.

–Anteayer uno de estos muchachuelos vagos que se encuentran en todas las calles, especialmente en los mercados, fué detenido en el de la Boquería, por haber robado una porción de piezas de calderilla, siendo de notar que ya otras veces ha sufrido prisión por igual delito. Esta última circunstancia nos convence de que el sistema carcelario vigente no es á propósito para corregir á los niños que crecen con malas inclinaciones, pues encerrar un muchacho de pocos años en compañía do los ladrones consumados, es lo mismo que poner al discípulo que tiene disposiciones para el vicio ante los consumados profesores del crimen.

–Otra vez hemos oído fundadas quejas de que no se persiga á las cuadrillas de muchachos que se pelean á pedradas en la Rambla y mercado de la Bocaría. No hace muchos dias que una mujer anciana fué herida en la cabeza al atravesar por dicho sitio.

–Anoche fué herido en la plaza de la Boquería un joven que se encontraba en la misma. Supónese que mediaron riñas, lo cierto que es que recibió una cuchillada en el costado que iba directamente dirigida al corazón.

Quan la Boqueria i la Gardunya eren tot un mercat. Any 1874

–Ayer, entre diez y once de la mañana, tuvo lugar un suceso horroroso en el pasaje de la Vireina que conduce desde la Rambla al mercado de la Boquería. Un anciano de cerca setenta años de edad, fué acometido puñal en mano, segun voz pública, por su propio sobrino, persona que cuenta treinta y tres años de edad, y recibió una profunda y al parecer mortal herida en el pecho.

–Esta mañana en el mercado de la Boquería dos hombres por un quítame allá esas pajas se trabaron de palabras, y de estas se disponían á venir à las manos cuchillo en ristre, cuando un buen municipal ha intervenido en la contienda y logrado desarmar á nuestros héroes, que eran un vendedor y un comprador de melones, con lo cual se ha restablecido la tranquilidad.

–Doble crimen. Un hombre que el día 20 hirió en la plaza de la Boquería, en Barcelona, á un anciano fosforero y se ahorcó el mismo día con el pañuelo que le servía de corbata, fijando el estremo en uno de los hierros de la reja del calabozo en que se le había encerrado en las casas consistoriales.

–En la madrugada de ayer se encontró depositado sobre la mesa de un cortante de la plaza mercado de San José el cadáver de una criatura recién nacida.

–Anteayer fueron capturados en la plaza mercado de San José dos chiquillos que apenas contarían ocho años, y que á pesar de su temprana edad ya se entretenían en descerrajar algunos cajones para extraer de ellos los objetos que los dueños guardaban. Se les ocuparon un cuchillo viejo, una petaca y cinco candados probablemente robados.

–Un joven de veintiséis años cayó en Barcelona el 27, estenuado de miseria, en la calle de los Negros de la Boquería.

–Uno de los numerosos grupos que hace días recorren alborotando las calles de nuestra capital, en la mañana de ayer después de haberse permitido ciertas censurables libertades en la plaza mercado de San José se dirigieron delante de la estación de Francia; dos agentes de orden público pretendieron detener á uno de los del referido grupo, lo cual visto por sus compañeros se arrojaron en ademán hostil sobre los dos agentes de la autoridad obligándoles á soltar el preso.

–Ayer fueron conducidos al Juzgado dos individuos, uno de los cuales intentó agredir al otro con un cuchillo. El hecho ocurrió en el mercado de la Boquería.

Però, què és la violència? De manera aparent i superficial, on hi ha més violència és entre la gent pobre, la que arrossega misèria; si aprofundim una mica, les classes benestants i poderoses són la que més en generen, això sí, de manera silenciosa, sense sang, escanyant pulcrament, sense deixar l'empremta al ganyell. Acaparant la riquesa i tenint mil vegades més del necessari per viure, fent seu l'aforisme: *Més val una injustícia que un desordre*, perquè la gran major part dels desordres són originats per la manca de justícia.

La Boqueria i el retorn dels Voluntaris catalans d'Àfrica

El general Prim en va fer de tots colors, molts més de morats i negres que de rosats, com les matances d'esclaus sublevats a Puerto Rico. Davant un possible intent d'alliberació dels esclaus sotmesos a la corona espanyola, Prim hi fou enviat amb plens poders per posar punt final. El militar de Reus es referia als mateixos parlant de la *ferocidad estúpida de la raza africana, que no sabiendo ni pudiendo apreciar la gracia que su gobierno les ha concedido, muestra su reconocimiento entregándose a los sentimientos que les son naturales: el incendio, el asesinato y la destrucción.*

Fora de la por, les ambicions acostumen a no tenir massa limitacions, i Prim era un temerari. A les darreries de 1859 el govern declarà la guerra al Marroc i malgrat que el sultà estigué disposat a negociar, Madrid volgué la guerra per distreure els ciutadans del greus problemes interiors. Prim organitzà un batalló de 460 voluntaris catalans, els *nous almogàvers*, per combatre al costat de 36.000 soldats de les tropes espanyoles, contra els indígenes. El de Reus aconseguí la victòria sobre la *estúpida raza africana*, fent una veritable carnisseria. Dels catalans, en tornaren 300 de vius, però uns amb alguna extremitat amputada i d'altres amb ferides greus; gent que ja no podria treballar mai més.

L'arribada a Barcelona el 3 de maig de 1860, presidida per Prim, fou l'apoteosi, com si la gent s'hagués begut l'enteniment; arcs de triomf, dibuixos i pintures de Prim arreu, molts cafès amb barra lliure per als *Voluntaris*; algunes perruqueries tenien posat un rètol que deia: *Se corta y afeita gratis a los Voluntarios.* El Liceu, amb funcions diàries de l'obra amb cinc actes, *A l'Àfrica, minyons!* I al Circ Barcelonès es representava *Lágrimas y laureles*; recepcions, discursos, focs artificials, banderes, medalles de quincalla, dinars, sopars i banquets. Un altruista marquès de la ciutat donà 6.000 cigars als *Voluntaris.*

El Raval engalanà alguns dels seus carrers com els de l'Hospital, sant Rafael, Carretes, sant Sadurní, Robador, Guàrdia, Barberà, sant Oleguer, i el passatge Bacardí; els seus patrocinadors i mecenes eren fabricants del barri.

Però sorgeixen tres preguntes. La primera: Era possible que la gent de Barcelona s'hagués oblidat de les humiliacions que Prim, setze anys abans, havia fet a la ciutat quan la va assetjà, privant-la d'aliments, i arribant a bombardejar-la? La segona: Si el municipi estava arruïnat, en estat de fallida, d'on sortien els diners de tanta festa? Qui pagava el daltabaix d'aquells tres dies? Tenim la resposta: la gent, els mercats de la ciutat, i pel damunt d'ells la Boqueria el qual per ser el més gran i important, proveí amb molta generositat les cuines i les taules per tants àpats i tantes recepcions. No sabem fins a quin punt van ser pressionats els venedors perquè fossin esplèndids, però no creiem que hagués sigut de manera espontània. Ens basem en la situació, molt dolenta, de l'economia a la major part de les famílies. I encara, la tercera qüestió: Tothom estava d'acord amb aquella nova conquesta colonial, naturalment feta a sang i foc, en nom de la glòria de la pàtria i dels seus soldats?

Respondrem amb fets paral·lels que s'esdevingueren durant els actes oficials. Els veïns del carrer Alt de sant Pere els semblà que allò era grotesc perquè a Barcelona hi havia un altre exèrcit que sense haver anat a l'Àfrica es trobava en la misèria més cruel per manca de feina i que subsistia pidolant pels carrers; aquells veïns decidiren pel seu comte organitzar un dinar per als pobres del barri. Sentint-se depassats per organitzar un àpat pels 450 captaires, els hi donaren a cadascun una lliura de carn, una altra d'arròs, un pa de sis lliures –gairebé 2 quilos i mig– i un ral de velló. Mentre es feia el repartiment, l'Ajuntament obsequiava els *Voluntaris d'Àfrica* amb un banquet als nous Camps Elisis del futur passeig de Gràcia.

I encara més o menys a la mateixa hora a la Plaça de sant Josep, Boqueria, els veïns organitzaren un menjar per a 800 pobres; acabat el dinar, hi hagué una rifa de lots de queviures entre els convidats. Més encara: l'amo de la Fonda Simon, situada a la placeta de Montcada cantonada amb el passeig del Born, obsequià amb un dinar de 100 coberts els pobres del barri de la Ribera.

Foren aquelles hores, dies d'entendriment com passa per Nadal que diuen que tothom es torna bo? O hi havia quelcom més? Els diaris parlen d'un altre fet, el darrer de les festes a Barcelona:

> En el baile que se dio anoche en el entoldado de la Rambla de los Estudios reinó una confusion espantosa. A no haber mediado esta desagradable contrariedad, la diversion hubiera podido producir muy buen efecto, pues los soldados y los voluntarios tomaban una parte muy activa en las danzas. Algunos mal intencionados cometieron la original barbaridad de recortar con unas tijeras Ios ricos trajes que vestían varias señoras. (DB., 5.5.1860)

Setembre de 1868. Quan els militars fan una revolució

Ara sí que uns fets polítics farien que el mercat de la Boqueria es convertís en el més gran de Barcelona. El que avui és la plaça de la Gardunya, és a dir, al darrera del mercat, restava encara dreta l'església i el convent de sant Joan de Jerusalem. Les seves monges, havien marxat després de l'exclaustració de 1835 i el gran edifici donà cabuda a dues escoles primàries gratuïtes. Més endavant, les antigues monges feren una petició al ministre de gràcia i justícia demanant poder tornar a la seva antiga casa. El ministeri contestà dient que això era impossible perquè el vell convent, si per una banda estava destinat a convertir-se en caserna de la guàrdia civil, per altra hi havia la pretensió per part de l' Ajuntament d'aterrar-lo per engrandir el mercat.[54]

Els fets polítics abans referits foren l'aixecament, l'any 1868, de tres generals entre els quals figurava l'intrigant i temerari Joan Prim. La família real i la seva immensa cort sortí cap a França. La major part de la gent entengué

54 AMCB. Expedient A-2270 A183. Data: 14 d'octubre 1844.

que havia arribat l'hora d'una veritable transformació social, i la prova d'això és que als pocs dies de la *Proclama* s'havien format arreu, obeint a imperiosos impulsos que estaven d'acord amb la raó, Juntes Revolucionàries. Aquestes, de seguida emprengueren reformes locals d'abast que transcendia amb molt les expectatives dels nous governants; sense esperar resposta de Madrid, s'inicià l'aterrament de la tètrica fortalesa de la Ciutadella, mentre a Sevilla, per exemple, s'acordava suprimir una trentena d'esglésies i convents. Les Juntes, naturalment, no foren del gust dels generals i dels nous poders. A les poques setmanes, foren dissoltes. Ara bé, a Barcelona la seva Junta abans de la seva prohibició tingué temps de decidir afers importants:

> La junta ha acordado suprimir las zonas militares. (...)
>
> Siendo necesario para el ensanche de la plaza del mercado de San José el derribo de la Iglesia y convento de Jerusalén y casas que existen entre el convento y el dicho mercado, esta junta ha acordado, en sesión de hoy, declarar la propiedad de la iglesia, convento y casas citadas, sean devueltas al común. (...)
>
> Barcelona 14 de octubre de 1868. [55]

Fixem-nos en l'expressió *devueltas al común*, com té una significació especial, equivalent a *allò que és de tots*.

El convent fou ben aplanat i el seu sòl lliurat perquè la Boqueria sortís de l'estretor. Aviat una formiguer de venedors omplí el nou espai.

Aviat començaren també les obres del nou mercat del Born, retornant al barri de la Ribera una mica de la molta dignitat que Felip Vè li havia arrabassat. L'any 1876 s'estrenà aquell mercat, construït dins d'una magnífica estructura de ferro i aplegant la gran dispersió de venda de peix, carns, verdures, hortalisses i llaminadures que durant segles havia sostingut la vida alimentària del barri des del carrer.

Durant les festes de Nadal de 1871 s'inaugurà l'enllumenat de gas a la Boqueria mitjançant un grup de fanals. En aquest aspecte, el Born i rodalies s'havien avançat 20 anys a rebre el nou combustible, a finals de 1850: *Se ha iluminado con gas la plaza mercado del Borne, y la mayor parte de las tiendas de aquellas inmediaciones se han surtido del nuevo alumbrado.* (DB., 2.1.1851)

55 *La Esperanza*, Madrid, 17 octubre 1868. Era el portaveu oficiós del carlisme; el títol complert era *Diario Político, Monárquico, Literario é Industrial.* Fou un dels periòdics de més tirada, fins que va tancar l'any 1874.

Les famílies amb més possibilitats econòmiques deixaren el carbó com a combustible culinari, passant a consumir gas ciutat. La xarxa de tubs i conductes del gas començà a estendre's pels barris a primers dels anys quaranta, bastant abans que arribés l'aigua a les cases. Pel que fa a l'aigua, la gent del centre del Raval es queixava de la incomoditat que comportava anar-la a buscar a la font del carrer de l'Hospital, al costat de la porta principal i que avui encara existeix. Aquella font durant moltes hores del dia no rajava i llavors els aiguaders domèstics havien d'anar a cercar-la a la font de la plaça del Pedró o a la de la Boqueria, *que casi á todas horas del dia se hallan invadidas por el gran número de personas que á ellas acude.* (DB., 9.7.1853)

Mentre tant, sorgí un altre conflicte quan el març de 1872 l'Ajuntament aprovà un augment del 25% als drets de les parades de la Boqueria per poder seguir exercint la venda; això suposava força diners. La resposta fou unànime, tothom es negà a pagar la nova quota, que, com sempre, es feia efectiva cada dia. També la premsa es posà al costat dels paradistes dient que l'augment era excessiu. La direcció del mercat insistí dient que s'havien fet millores i que calia pagar-les.

Tres dies més tard les venedores passaren a l'ofensiva negant-se a pagar i a vendre, deixant bona part de la ciutat sense verdures; la determinació la prengueren quan el Consistori ordenà als paradistes d'altres mercats a anar a vendre pels voltants de la Boqueria portant amb els seus carros els productes. Dissortadament no hem trobat cap altra notícia que ens digui com va acabar el contenciós, però sí que ens aclareix les tensions existents entre l'administració i les venedores.[56]

Un director de la Boqueria destituït

De vegades serveix de molt conèixer el tractament i evolució d'un cas particular anormal. Explicarem el desenvolupament d'un d'aquests casos que ens ateny de prop, succeït a l'Ajuntament de Barcelona durant els vint-i-tres mesos que durà la Primera República espanyola, entre febrer

56 *La Independencia. Diario Republicano Federal.* 28 i 30 de març 1872. – El diari, editat a Barcelona, substituí *El Independiente*, que acabava de ser clausurat. El nou diari era redactat pel mateix equip de redactors que l'anterior, que defensava *los principios democrático-republicano-federales en toda su pureza.*

de 1873 i novembre de 1874. L'alcalde era el tarragoní Miquel González Sugranyes, que havia treballat de caixista en una impremta i militava al Partit Democràtic Federal de Pi i Margall. El nou consistori es prengué seriosament el problema generalitzat de les corrupteles existents a tots els espais ciutadans, inclosos com hem vist els mercats municipals. Per plantar cara a les grans corrupcions entenien que calia més temps i persones fidels disposades a fer costat a la causa republicana.

El dia 26 d'agost de 1873 el regidor municipal Antoni Trulls decidí de fer una visita d'inspecció al mercat de la Boqueria, i allò que va veure no li va agradar gens:

> Ha consistido [la visita] en observar que uno de los mozos estaba cobrando sin entregar al interesado el talón, ni echar el dinero en el cepillo, como se acostumbra, si no al contrario, metiéndoselo en el bolsillo; así mismo he notado que a medida que iba cobrando se ha dejado de verificar de uno de los puestos ocupados, y preguntada la causa de esta desigualdad el Director del mercado ha manifestado que así estaba establecido y así estaba dispuesto por el último Teniente de Alcalde de aquél Cuartel.

El regidor cregué que havia de denunciar el fet a la superioritat, i aquesta immediatament *dictó la providencia que sigue*:[57]

> En vista de la grave denuncia que entraña la presente, se suspende de sueldo y empleo al Director de dicho mercado, ciudadano Federico Font, nombrando interinamente para sustituirle al ciudadano José Balat, dándose traslado al Ayuntamiento así de este oficio, como de la providencia recaida en mérito del mismo.
>
> Cuyo traslado verifica a fin de que por esa Corporacion municipal se apruebe la dictada resolucion y tome las demás medidas que su reconocido celo le sugiera.
>
> Viva ese Ayuntamiento Popular. El Alcalde, Manuel González

El director Frederic Font no acceptà de cap manera la destitució i es considerà el legítim director presentant diverses al·legacions, algunes referides a defectes de forma en l'ofici que anunciava la pèrdua del càrrec. El nou director nomenat per l'Ajuntament, Joan Masip, veient com la situació es complicava, dimití, essent reemplaçat per Josep Balat.

57 Expedient. *Suspensió de Feina i Sou del Director del Mercat de San José, Federic Font, i nomenament del Seu Substitut.* Arxiu Municipal Contemporani de Barcelona. AMCB 1-001 Ajuntament de Barcelona 26 agost 1873

Entenem que el cas del director Font venia de lluny, que el fet denunciat pel regidor Trullas era la culminació d'una manera de fer i gestionar la *res publica* i que era el moment de tallar la íntima familiaritat entre allò que és públic i el que pertany al privat. L'argumentació de Font en la seva defensa mostrà l'orgull ferit d'algú que va considerar una intromissió irrespectuosa en els afers seus; més encara, passà no a defensar-se sinó a acusar l'acusació d'haver-li faltat el respecte per haver fet un seguiment a la seva gestió:

> Esto no puede tolerarlo ningun empleado celoso de su honra que como el esponente sirve desde hace mas de catorce años al Municipio con notas siempre brillantes, cabiéndole además la honra de ver crecer cada día los productos que rinde el mercado de su cargo. (...) á pesar tambien de sus constantes desvelos en pro del servicio Mpal. al cual ha prestado los mejores dias. (...) la severa medida tomada contra el recurrente no se corresponde ni en mucho á la pequeña falta denunciada por el Sr. Concejal (...) la acusación no tiene fundamento alguno, después de esclarecida la causa que lo motivó (...)

Ara, separats d'aquell afer per cent cinquanta anys, contemplem com es repeteixen els mateixos fets; els diners són la raó de viure i són la raó d'un determinat progrés que porta a la misèria a molts i a la pobresa a d'altres.

Contemplem el desenllaç del cas. El cop d'estat del general Pavía el dia 3 de gener de 1874 comportà la dissolució de les entitats governamentals. D'immediat el general Serrano reemplaçà l'alcalde republicà Manuel González, pel monàrquic, catòlic i conservador Francesc Rius i Taulet. De manera descarada i oportunista, tres dies després, el 13 de gener, Frederic Font interpel·lava el nou consistori el qual tres dies després, el 16, donava la plena raó a l'antic director de la Boqueria que havia estat destituït de sou i feina cinc mesos abans:

> Barcelona, 16 Enero 1874. Este Ayuntamiento en sesión ordinaria del día de hoy acordó levantar la suspensión de sueldo y empleo contra V. dictada como Director del mercado de San José, y reponerle en el mismo cargo que ejercía hasta 26 de Agosto próximo pasado, sin que dicha suspensión le sirva de nota alguna desfavorable á sus buenos servicios. El Alcalde Constit. Francisco de P. Rius y Taulet

És possible que entre Frederic Font i l'alcalde Rius i Taulet no existís cap amistat directa, però l'ideari dels dos personatges no deuria estar allunyat, i sí que possiblement persones interposades van fer la feina política de l'assumpte que tractem. Qui vulgui conèixer altres actuacions del nou alcalde pot veure-les arran de l'explosió de la caldera de vapor de la «Fábrica Morell y Murillo» al Raval, l'any 1882, amb la mort de vint treballadors, entre dones, homes i criatures;[58] la seva conducta i les seves conseqüents decisions portaren a la presó a alguns periodistes que denunciaren greus delictes comesos per Rius i Taulet, alguns per omissió i d'altres per comissió.

La vida del director Frederic Font fou tan llarga com miserable; el febrer de 1892 la premsa progressista el denunciava perquè dins del mercat *solo permitiría la venta de los diarios que fuesen de su gusto. (...) Vuélvase el señor Font a sus verduras, como el zapatero á sus zapatos, y no se salga de la esfera de sus atribuciones. De lo contrario hará un papel ridículo y demostrará á sus superiores que la dirección del mercado de San José se halla legalmente vacante por falta de idoneidad en la persona que la desempeña.*[59]

Ni amb la mort del ciutadà Frederic Font s'acabà el pes d'aquest home; el seu decés esdevingué el mes de maig de 1899. Però la seva ombra i figura després de mort, encara planà damunt el mercat al produir-se allò de més increïble a l'ocupar la seva vacant el seu propi fill. Ningú no podia entendre com allò era possible; no sabem com se les enginyà el pare però l'afer prengué les formes d'una monarquia absolutista.

> El asunto de la provisión de la plaza de Director del Mercado de San José, preocupa mucho al Sr. Alcalde, á causa de las infinitas recomendaciones que recibe de todas partes. Se comprende que haya muchos aspirantes pues la plaza es buena, por ser buena la plaza... mercado, y no es de estrañar que se pongan en juego toda clase de influencias, faldas inclusive, para conseguirla.
>
> Los vendedores solicitan, por su parte, que continúe desempeñándola el Sr. Font hijo del difunto director, y que lo es hoy interino, y el Sr. Robert, por salir de compromisos, se inclina á concederla por concurso, entre los directores de los demás mercados.[60]

58 Assemblea del Raval: *La insurrecció d'una fàbrica. El motí de 1880 a la fàbrica "Morell y Murillo" del carrer Reina Amalia del Raval.* El Lokal, C/ de la Cera, 1 bis. Barcelona, 2018.

59 *El Diluvio*, 8 febrer 1892. – Diari anti-monàrquic i federalista fundat l'any 1879. Durant els seus vuitanta anys d'existència, fou un dels diaris més llegits a Espanya, arribant a tenir una tirada de 150.000 exemplars durant la 2ª República; era defensor de la classe pobre i mitjana-baixa del país, malgrat els seus alts i baixos en l'orientació del seu ideari.

60 *La Publicidad*, 10 juliol 1899. – Diari barceloní. *La Publicidad: Eco de la Indus*tria *y del Comercio. Diario de anuncios, avisos y noticias*. El subtítol tingué algunes variacions; durant anys tingué una edició al matí i una altra a la tarda. Aparegué entre 1878 i 1922.

Les bones relacions que havia establert el vell director Font pogueren més que les intencions del Sr. Robert, perquè a la fi, Josep Font, fill, fou nomenat cap de la Boqueria, deixant amb un pam de nas els nombrosos aspirants.

La ciutat aterra les muralles, però en sorgeixen d'altres

El magnànim desig d'Ildefons Cerdà de posar a l'abast de la classe treballadora bona part dels immensos espais que envoltaven la ciutat, s'anava pansint. La burgesia barcelonina i d'altra que aviat ho seria, com eren grans propietaris de la Catalunya rural, entraren en el combat de l'especulació immobiliària; cal afegir-hi els incomptables capitals que arribaven de les colònies americanes; la immobilitat de les autoritats davant la competició financera i la defensa d'aquell tipus de «progrés» per part de personatges com el mateix alcalde Rius i Taulet, ara auspiciat pel nou monarca, anaren desenvolupant una Barcelona de tarannà competitiu i liberal. Burgesia financera, mercantil i industrial, com els Batlló, Juncadella, Güell, López, Girona, Sagnier, Samà o Xifré rivalitzaven en la conquesta dels primers llocs de l'aparador barceloní.

Ara s'hi afegia la necessitat de connectar amb transport la ciutat històrica amb la nova urbs que anava envaint el gran pla. Seria apropiat pensar que aquesta feina calia fer-la de manera comunitària com a servei al mateix comú, però com ara, cada operació en la qual hagi d'intervenir capital i treball, aquella és reservada a persones que invertiran part dels seus diners per recobrar-los més endavant amb escreix, mitjançant el treball d'altres que, contractats a la baixa, no han tingut altres opcions. Així, Aleix Soujol, industrial metal·lúrgic, aconseguí la concessió d'una línia de tramvies arrossegats per cavalleries que unís la ciutat amb sant Andreu del Palomar i una altra amb Sants. La primera fou aviat modernitzada per tracció a vapor, anomenat «el tramvia de foc».

La Boqueria tenia una parada dels nous tramvies a la Rambla, des de la qual es podia anar per una banda cap a la Barceloneta i per l'altra cap a la vila de Gràcia. Una altra companyia va encerclar el mercat amb tramvies i vies; eren més estretes degut a la poca amplada dels carrers del Carme, Hospital i sant Antoni Abat, era la línia de Sants. Tot plegat i de manera quantitativa, va representar un creixement de les vendes a l'augmentar la gent que es desplaçava al nostre mercat. Llavors, la Boqueria era visitada per compradores i compradors de barriades que eren de fora de la ciutat; mestresses de casa soles o acompanyades de minyones, restauradors i alguns revenedors amb cistells i mocadors s'afegien a la clientela dels antics barris.

El dia 20 de setembre de 1876 un tal Puig que vivia a la Rambla de Canaletes escriví una carta reproduïda a la major part de la premsa del país; fou un toc seriós d'atenció sobre el greu índex d'accidents que provocaven els tramvies. Denunciava la gran quantitat de sinistres que s'havien produït a la ciutat:[61]

> (...) Sobre la cuestión "Tramvías de Barcelona", he de explicar otra vez que en los últimos cuatro meses han ocurrido 6 casos de muerte, 4 de heridas graves y 2 heridas leves causadas por los coches de aquellos. Anteriormente había habido otras desgracias, no bajando su totalidad del número de 40, entre ellos 20 muertos, y los demás con pérdida de miembros ó lesiones. ¿Se necesita esceso de sensibilidad para lamentar tantas catástrofes? ¿Son ellas poco motivo para que con toda urgencia se tomen medidas que las eviten en lo sucesivo? (...)

El tramvia no fou ben acollit a Barcelona; eren tan freqüents els accidents, que el tramvia de Sants la gent el batejà amb el nom del «rei Herodes» per la quantitat d'innocents sacrificats, i el de sant Andreu amb el de «la Guillotina», ja podem pensar perquè. I quan es procedí a l'electrificació de les línies amb la conseqüent supressió de la tracció animal, l'oposició prengué formes virulentes; les espurnes que saltaven del trolei i catenàries esveraven la gent. Als carrers del Raval això passaria a frec de molts balcons i finestres; tot plegat els fets portaren a la constitució d'un front ampli d'oposició al canvi dels tramvies de tracció animal per la tracció elèctrica.[62] Possiblement aquesta associació s'avançà molts anys al que després serien les Associacions de veïns. La seva *Memòria* argumentava el caos i el perill que representaria l'electrificació d'aquella línia per aquells estrets carrers que tenien unes voreres que anaven entre els 63 i els 70 cm. d'amplada. Tot fou inútil, malgrat l'augment dels accidents.

61 *Gaceta de los caminos de Hierro*, 8 octubre 1876. – S'editā a Madrid entre 1856 i 1934 com a setmanari. A més de la problemàtica del desplegament del ferrocarril a Espanya, tocava temes referents a la indústria, mineria, gas, assegurances i societats de crèdit.

62 *Memoria de los trabajos hechos por las comisiones nombradas por los Vecinos, Industriales y Propietarios de las calles del Carmen, Hospital y San Antonio Abad para impugnar el cambio de tracción de sangre, que hoy se emplea, por la eléctrica por Trolley solicitado por la Compañía del Tranvía de Barcelona a Sans.* Barcelona, 1902.

Mentrestant, el 1882, s'estrenà el nou mercat de Sant Antoni, en un dels extrems del nou Eixample que no parava de créixer; així es posà fi a les expectatives de gent del Pedró que tant havien demanat un mercat propi al seu barri. Al voltant d'aquell mercat aviat s'instal·laren un gran nombre de venedors de productes en la seva majoria no alimentaris, sobretot de teles i roba confeccionada i de parament de cuina. Més tard s'hi afegirien els venedors de llibres de segona mà; en aquest sentit, sant Antoni és el mercat més aprofitat de Barcelona.

I cinc anys després, el 1887, entrava en funcionament el mercat de la Barceloneta, obra arquitectònica, com l'anterior, de Antoni Rovira i Trias. L'Ajuntament volia que cada gran barri tingués el seu mercat municipal.

La Boqueria i l'Exposició Universal de 1888

Un empresari gallec, Eugenio Serrano de Casanova va néixer prop del Ferrol. Creia que les exposicions internacionals eren una de les millors maneres de fer créixer l'economia del països; sostenia el principi que anunciava que com més grans eren les inversions econòmiques per dur-les a terme, més ràpida i agraïda seria l'amortització de la mateixa i més generosos els beneficis a mig i llarg termini, per a la nació. L'home havia assistit a la major part de les exposicions que s'havien fet a Europa: Londres, París, Viena... Amb els permisos necessaris, emprengué l'aventura d'endegar-la, però aviat es donà compte que era una empresa que ell sol i els seus amics no la podia fer, i decidí exposar el projecte a l'alcalde Rius i Taulet, qui de seguida veié el gran rèdit, tant personal com col·lectiu, que en podria treure. Rius cridà els prohoms financers i industrials i els exposà la seva gran idea, constituint el comitè organitzador en el qual hi havia el banquer Manuel Girona, l'empresari Josep Ferrer Vidal que tant havia escrit entorn la necessitat de mantenir l'esclavatge a Cuba, Claudio López Bru, el fill del Marquès de Comillas, conegut aquest com a significat traficant d'esclaus, i d'altres que eren la crema barcelonina.

Obres i més obres, que vol dir treball, immigració i molts accidents greus i mortals per les presses i les condicions. A la platja del Somorrostro s'establiren diversos campaments de treballadors. I l'abril de 1888 s'inaugurava la festa; hi havia dotze mil expositors entre nacionals i estrangers; aquella ciutat era un viver de joventut bona part de la qual anava a deixar un tros de la pell o la vida sencera en la defensa de territoris colonials que eren de gran profit a senyors, uns amb barret i bastó, d'altres amb sabre, però que res no tenien a veure amb ells. Aquells barris vells sempre castigats veien una altra vegada com el teatre de la política es sustentava en definitiva en els grans negocis i com ells no eren res més que carnassa d'un circ infernal.

Barcelona fou engalanada: les banderes i banderoles eren un símbol de dues cares, una la gran festa dels beneficiaris, l'altra el dol de tots els que no rebrien cap altre benefici que el retorn a l'atur un cop acabat el negoci dels primers i que patirien la greu inflació que seguiria després de tantes inversions.

Tots els mercats foren disfressats amb emblemes i símbols festius; la Boqueria, per la seva centralitat geogràfica i com a mercat principal, fou coberta de banderoles i al·legories; la primera electricitat corregué per algunes parades, per les Rambles i pel peu del monument a la persona de Colon, acabat d'inaugurar, individu que potser sense saber-ho, almenys al primer viatge, obrí la cacera més gran de la història de l'home contra el mateix home.

El director de la Boqueria rebé instruccions de com durant aquells nou mesos el mercat havia d'estar impol·lut; els camàlics empleats reberen uniformes nous i una mena d'impermeables per els dies de mal temps; aquella vegada sí que cap mena d'aliment en mal o bon estat però amb mala presència, no podia estar a la vista. Calia impressionar els viatgers de fora de la ciutat.

La realitat, però, acaba desmitificant les ideologies, esvaint somnis i fantasies i fent patent el present tal com és:

> Anteanoche al pasar por la Rambla un amigo nuestro á las tres de la madrugada, encontró á dos niños de 10 y 12 años que dormían tranquilamente en el sumidero que hay frente á la plaza-mercado de San José. Como la garita estaba oscura, creyó nuestro amigo que se trataba de algún borracho, y compadecido llamó á un municipal; pero cuando se enteró de que eran dos niños los que dormían, el uno huérfano de padre y madre y el otro, peor aun que si lo fuese, porqué aquellos le habían abandonado, les recomendó para que fuesen admitidos en el Asilo del Parque, en el cual ingresaron ayer. (LD., 9.2.1888)

La Boqueria era un termòmetre que mesurava cada dia allò que es respirava i esdevenia a Barcelona; les converses entre compradores i venedores de confiança allargaven les petites transaccions; sortien problemes familiars i personals, s'abocaven les penúries que vivia cada una de les parts amb intercanvi de confidències, amb la recerca i necessitat de ser escoltat i rebre un altre parer; també es compartien les opinions sobre si de veritat vindrien temps millors, o pel contrari tot encara podria empitjorar. L'abundor i les sobres de menjar exposades a les taules no volia dir que els venedors anessin tots ells sobrats de béns i diners, però en el seu conjunt, aquelles muntanyes d'aliments contrastaven amb la misèria de molta gent; abundància que descarnava les escenes de tuberculosi i raquitisme que arrossegaven tants cossos, molts d'ells infantils com el referit a la notícia anterior. Al mateix mercat, entre la Boqueria i la Gardunya trobem,

> A las seis de ayer tarde fué llevada por los camilleros del Hospital de Santa Cruz, a aquel Asilo, una mujer de 76 años, que fué hallada enferma y abandonada en la calle de Jerusalen. (ED., 26.8.1895)

L'Exposició Universal del 1888 significà una passa llarga en el creixement d'industrials i financers; per Barcelona desfilaren la flor i nata dels concentracionaris del capital europeu que deixaven bocabadada la incipient burgesia catalana. Aquell 1888 fou l'inici de les efemèrides d'estil de propaganda i venda del capital que han arribat a avui, com l'Exposició Internacional de Barcelona al 1929, el Congrés Eucarístic Internacional al 1952, les Fires Internacionals de Mostres de Barcelona iniciades als anys 20, o els Jocs Olímpics de Barcelona del 1992 i el Fòrum Universal de les Cultures el 2004.

Un mercat amb molts problemes; fins i tot violència física

Els darrers anys del segle, potser perquè s'havien de pagar les factures de l'Exposició, la Boqueria passà uns anys de decadència; l'entrada en servei d'altres mercats posava més en evidència el seu penós estat material i el descontrol i abusos que es cometien en les vendes d'alimentació.

Però el malestar també existia entre les paradistes del mercat i l'Ajuntament el qual volia extreure més diners de qualsevol negoci que allí s'hi fes. El maig de 1886 un tumult esclatà per una cosa ben diferent de les moltes que ens podem imaginar, i es produí quan un grup de llacers municipals atraparen un gos sense morrió que corria pel voltant d'una parada de verdures i se'l volgueren endur cap el carro; abans que el poguessin tancar, saltà de sobte una verdulera que era la propietària de l'animal i començà a llençar contra els llacers patates i cols; a l'instant s'hi afegiren de manera solidària les altres verduleres, amb tanta força i energia, que en un moment carro i llacers s'hagueren de refugiar, alliberant el gos. La premsa de l'endemà qualificava la resposta pròpia d'un pópulo bárbaro. I és que la sang estava molt calenta.

La premsa aquella, com la d'ara, no es preguntava perquè passaven les coses; es quedava amb el fenomen, amb l'embolcall i l'aparença; parlem de persones que haurien de tenir un sentit crític ben crescut i treballat. Una nena o nen mitjà no escriurà tan bé, però sovint serà més equitatiu i just en les afirmacions.

La Boqueria o com es deia tan de manera tan oficial com inútil, *Mercado de San José*, s'havia fet petita; el pas de les compradores, amb els grans cistells o cabassos es feia difícil; tan dificultós com bo de facilitar els robatoris, perquè tothom pitjava i empenyia, duen-te allà on no volies anar. I l'indret on més coincidien aquestes descripcions era la peixateria: *Es una vergüenza que el mercado de Barcelona tenga por pescadería un local que seria pequeño para pajarera.* Però allò que era més estrany era que mentre a la Boqueria sobrava peix, en faltava al Born i a Sant Antoni, llocs on abans de les 12 del migdia moltes vegades ja s'havia acabat. Una conseqüència d'aquest desgavell era que l'abundància d'existències al nostre mercat portava les venedores a guardar les sobres del dia per a l'endemà, amb els efectes del seu deteriorament, sobretot a l'estiu. Aquesta època de decadència 1880-1890, coincidí, per casualitat o per causalitat, amb la presidència al consistori de la ciutat, de Rius i Taulet.

Les protestes de la gent pel mal estat del peix fou seguida per la premsa que començà referir-se a un seguit d'intoxicacions per la ingesta d'aquells aliments. Aleshores sí que s'inicià un control per part d'un grup d'inspectors i la confiscació gairebé diària de peix, carn i fruites.

Per primera vegada els diaris començaren a publicar els noms dels propietaris de les parades que eren sancionats; algunes vegades amb la quantitat de la multa i el motiu, d'altres sols el titular. La normativa municipal de 1857 deia que la persona titular d'una parada que reincidís en les faltes greus com manca de pes en la venda dels productes, o la venda en mal estat dels mateixos, li comportaria la pèrdua de la parada amb els seus drets. Ignorem si s'aplicava aquesta amenaça, en cap moment hem trobat que es dugués a terme.

Vegem ara l'aspecte més material del mercat:

> La parte del mercado de San José, últimamente ensanchada, está hecha una pocilga indigna de esta ciudad. Aquel sitio ya no reúne ninguna condición estética ni higiénica en tiempos normales. Con que, figúrense nuestros lectores cómo estará cuando llueve. Los cobertizos de aquel sitio son mugrientos y están en estado de putrefacción, de manera que llamamos hacia ello la atención de la Junta de Sanidad, pues constituye un verdadero foco de infección. (LV., 26.2.1885)

Com una molla comprimida i de cop alliberada, així sorgí i s'escampà la notícia d'un altre escàndol: el resultat de la subhasta d'una parada de la peixateria. El preu inicial posat per la hisenda municipal era de 120 pessetes, però la puja entre els licitadors la dugué a ser adjudicada per 8.157 pessetes. La mateixa premsa inicià investigacions per saber com era possible que s'haguessin pagat 8.007 pessetes més de les demanades inicials, és a dir, vuitanta vegades més que el preu de sortida. La premsa crítica assenyalà que la major part de les parades subhastades els darrers anys s'havien adjudicat per vies amicals i tenebroses, amb perjudici de la caixa municipal i la solidaritat i en benefici de particulars. Amb altres paraules: la corrupció a les esferes de la direcció de la Boqueria i més amunt, era una malaltia que s'anava consolidant, esdevenint una necrosi que es feia molt difícil de revertir. L'assignació de parades noves als peticionaris sovint era pactada abans de les subhastes amb preus convinguts, que en convertir-se en diners anaven a les butxaques dels funcionaris, de manera que el concurs no era més que una formalitat prescrita que aportava uns pocs béns al municipi.

També la topografia dels llocs de venda era una font d'enfrontaments; cada vegada que hi havia canvis d'indret per motius d'obres, ampliacions o reformes, quan el trasbals de les mateixes s'acabava, hi havia veritables pugnes per aconseguir millors emplaçaments. Moltes són les protestes i denúncies d'aquells que havien anat a parar en racons més desfavorables als que tenien. No es procedia, per exemple al sorteig o ordre d'antiguitat; tot assenyala que els diners guiaven els criteris de les noves ubicacions...

Les baralles físiques entre la gent eren cosa més freqüent que no pas ara; són molts els testimonis que ho manifesten. Però ens aturem en una faceta que pot sobtar a primera vista i són les baralles físiques entre dones; podien sorgir per qualsevol motiu que ara ens semblaria fútil, poc important, però que de vegades prenia un caire de violència extrema. Cal afegir-hi els comentaris dels periodistes –les dones trigaran encara a exercir aquest ofici–

que relataven aquests fets quasi sempre amb to paternal, distanciat o amb aires d'absoluta superioritat i sobretot amb menyspreu i sorneguería:

> –En la plaza de la Boquería hubo riñas mugeriles bastante acaloradas, quedando herida de alguna gravedad una gitana que vendía ropas. (DB., 5.2.1852)
>
> **Riñas.**–En la calle de la Petxina ha tenido lugar á las primeras horas de esta mañana una reyerta de todos los diablos entre dos mujeres que se dedican á la venta de comestibles en el vecino mercado de San José. A los gritos de las combatientes acudían sus respectivos cónyuges, dándose à luz en paños menores é iban á terciar en el asunto cuando los espectadores pudieron detener á ellos y poner á ellas en paz. (LC., 22.4.1863)
>
> –Como nuevas se han puesto dos mujeres en la Boquería esta mañana; previo un exordio oral á todo pulmón han llegado a los moños enredándose en una de arañazos que no había más que ver. Dejóselas un rato por los espectadores que se desahogasen, y luego se las ha separado. (LCC., 24.10.1876)
>
> Por si era buena ó falsa una moneda de á dos pesetas, dos mujeres promovieron ayer tarde un fuerte escándalo en la pescadería del mercado de San José, á consecuencia de lo cual pasaron ambas al juzgado. (LD., 1.12.1886)

Observem que aquesta agressivitat no ve de l'atzar ni té res de gratuïta. La fesomia de la dona que agredeix o entra en rabiós conflicte amb una altra, sol ser la d'un ser a qui la vida li ha pres gairebé tot; la decepció li ha arrabassat es il·lusions que de joveneta havien germinat en la seva ànima i l'havien mantingut en l'espera d'un matrimoni que l'acompanyaria de manera càlida durant la resta dels seus anys; tot s'havia esvaït de manera traïdora; pensava que estimaria i seria estimada, que ho donaria tot; no s'enganyava sabent que patiria, però sí errava creient que el seu dolor seria acompanyat i compartit per l'home que estimava; a poc a poc, el desamor la va fer ascendir per una escala de dolors i decepcions. Aquestes són més cruels que les mentides cregudes, els desenganys són la fallida del món que tots ens hem construït. La mentida, ens l'haguem cregut o no, ve de fora. I aquell xicot, aviat marit, li havia promès tot: estimació incondicional i sense fi; li faria costat a totes hores, junts tirarien endavant els fills... Sovint el marit l'havia carregat de mainada; ara, es trobava sola per tirar-la endavant.

Per l'altra banda, aquell noi en principi pretendent i a poc a poc amant es delia de sortir, escapar-se de casa on es trobava atrapat en un entorn aspre i feréstec que res no li aportava; aviat tastà i s'amarà de misèria i ignorància en els pocs anys passats a l'escola; va patir d'aprenent, va ser ridiculitzat pels encarregats i escarnit pels companys a les diferent feines per homenots grans que el veien com una xinxa, tal com eren assenyalades les criatures als tallers i les fàbriques. Arribada l'hora ell ho faria de manera diferent, s'aparellaria i potser es podria relaxar; tindria companyia íntima i no hauria de donar cap explicació dels seus mals, impulsos i malhumors quan no en tingués ganes. Per primera vegada a la seva vida, quan traspassés la porta de casa, ningú no estaria pel seu damunt; es trobaria amb la roba neta; el llit fet, el menjar comprat i cuinat, potser ja a taula o a mig fer, si és que la dona treballava...

Però potser ja era tard, aquelles vides eren curtes de sang i d'esperances; l'esperança d'un demà millor s'esvaïa percebent com al cap d'avall la justícia era la del més fort i que viure es reduïa a no morir. Passats els primers mesos de matrimoni, a fora de casa tot seguia igual; inacabables jornades de treball, la monotonia de trobar-se sempre cansat i brut i l'entorn de companys que cercaven a les tavernes l'únic consol, efímer i car. Tot plegat omplia de boira espessa la vida del marit. La jove companya veia de quina manera l'allunyament del seu home era l'esvaïment de les il·lusions que ella s'esforçava en mantenir. La seva condició no li permetia de fer el mateix, afeblir-se i diluir l'amor de la nova família; no podia plantar-se i recordar-li al marit les promeses que s'havien creuat ells dos no feia massa temps. De vegades la tristesa es tornava ira i ràbia, fúries que a casa no podien desfermar; era al carrer, al seu reduït espai quan més prenia consciència del seu estat; ara no podia ni somiar com quan era joveneta perquè el demà ja era avui. I un dia, quan ella es trobava a la plaça fent cua per comprar, una altra dona, fent-se l'espavilada, se li posà al davant, i sentí com aquesta vegada ella faria una mica d'aquella justícia que sempre li havia sigut estafada; la impartiria i l'exigiria per tots els mitjans, i després de quatre paraules ja eren a les mans. Possiblement, eren dues dones que tenien vides força paral·leles, i les dues s'esgarrapaven la cara i s'estiraven els cabells mentre la boca vomitava insults i verí. La impotència, el fracàs, la decepció de dues vides s'havien externalitzat, projectant-se l'una a l'altra les rancúnies i odis que les dues vessaven. Víctima contra víctima, cadascuna substituint el marit per una altra desgraciada... Elles no podien fer servir la raó per encarar-se amb els marits perquè aquella no entenia de raons ni d'igualtats. Aquestes sols tenien possibilitats amb el propi gènere; l'abisme entre elles i ells era com una fosa sísmica oberta.

La *Nievelina* i l'arribada del fred artificial

Als darrers anys del segle XIX sorgí un altre conflicte entorn la conservació del peix, les carns i els embotits. Hi havia molts diners en joc entorn la durabilitat d'aquells productes i ja feia molts anys que es buscava què fer per poder allargar el temps del seu bon estat sanitari. Per als paradistes era difícil fer previsió de la carn i peix que havien de comprar, perquè si a l'acabar el dia abans els sobrava material, corrien el risc d'haver de llençar els excedents, i si feien curt, es lamentaven de no haver tret els beneficis possibles. Certament que ja hi havia gel, però calia calcular la seva durada i el seu cost.[63]

L'any 1896 un tal Charles Vogt, de Barcelona, va demanar al govern la patent de dos productes nomenats *Nievelina i Frescaline*, tots dos inventats *para conservar sustancias alimenticias animales y vegetales*. Al juny de 1897 li foren concedides les patents.[64] L'aparició i aplicació del primer d'aquells productes a la carn i el peix representà una sotragada social a nivell alimentari. La «*Nievelina*», anomenada també per la gent *nivelina, nuvelina o nubelina*, com cal suposar fou ben acceptada per tots els detallistes i venedors d'aquells productes. No era res del altre món, es tractava d'un líquid aquós que tenia com a base el bisulfit de sodi diluït al 14%. Al mateix carrer de l'Hospital, n. 85, poc després ja hi havia un fabricant nomenat Ramon Cano que el produïa i venia envasat en ampolles de vidre fosc de 300 centímetres cúbics de volum, és a dir que a cop d'ull vindria a ser com una botella de cervesa d'avui, una *mitjana*. Així anunciava el producte: ***Nivelina****, preparado antiséptico que evita la descomposición de toda clase de carnes comestibles y líquidas, siendo su uso facilísimo é inofensivo, acreditándolo varios dictámenes. –****Nivelina****, extra en polvo, de uso indispensable para la salazón de carnes y en particular la de cerdo, que con su empleo puede efectuarse su salazón en pleno verano y guarda indefinidamente de que se rancien los embutidos. – Muestras gratis para ensayos.*[65]

63 Tatger, Mercè: *La industria del hielo en la ciudad de Barcelona: la fábrica de la Siberia, 1908-1970.* UPV-EHU. Historia Contemporánea nº 39 (2009)

64 *Industria é Invenciones.* Revista semanal ilustrada. 4 setembre 1897

65 *Anuario del comercio, de la industria, de la magistratura y de la administración.* Madrid, 1903

Amb una brotxa o amb una esponja sucada amb *nievelina* es mullava bé la carn o el peix que estaven en perill o que ja havien començat a perdre la seva frescor i possiblement encara els hi faltaven hores per ser venuts. Les avantatges econòmiques eren clares. Però aviat sorgí el debat des del punt de vista de la salubritat dels productes que havien estat manipulats amb la *nievelina*. Madrid fou la primera ciutat on fou prohibit el seu ús, inclús abans i de manera contradictòria, es tramitava la concessió de la patent a Charles Vogt; l'alcalde d'aquella capital, Conde de Peñalver, prohibí la fabricació, venda i aplicació de la dita *nievelina* en els aliments fins que no es coneguessin bé els seus efectes. El cas passà al ministre de governació el qual encarregà al Real Consejo de Sanidad els anàlisis corresponents. Li fou requerit al senyor Cano la tramesa de mostres del seu producte que abastava les carnisseries i peixateries de la capital les quals eren venudes *en botellas oscuras de 300 gramos, tapadas con un corcho y una cápsula de estaño.* De ben segur que les analítiques es realitzaren amb molt de zel i de manera escrupolosa, perquè trigaren quasi tres anys en obtenir els resultats, de manera que com deia un diari, *si conforme la disolucion es al 14 por ciento, por cuya causa no han reventado todos los madrileños que comen bien, hubiera sido al 20 ó 25, ¿qué hubiera pasado durante el tiempo que ha durado la tramitación? Horroriza pensarlo.*

A la fi i a les darreries de gener de 1898, quan el fabricant i distribuïdor senyor Cano del nostre carrer del Hospital havia arribat al seu zenit, el producte fou prohibit, però sols a la província de Madrid. Perquè a Barcelona les coses anaven d'una altra manera, Ramon Cano venia a tort i a dret, sobretot als mercats, i per aquelles dates l'home deuria haver fet ja molts diners. Amoïna i preocupa, però, la naturalitat i despreocupació amb que tant ahir com avui la salut estigui molt per dessota, en l'escala de valors, dels diners. Com escriví l'antropòleg Marc Augier, *si els diners neixen amb taques naturals de sang, el capital ve al món rajant sang per tots els porus.* La major part de la premsa, inclosa alguna de reaccionària, clamava contra la passivitat de les autoritats en la tolerància dels fraus de tota mena que es cometien en l'alimentació, els quals anaven des la manca de pes en l'alimentació a l'adulteració de la major part dels aliments. Un bon article crític sobre el que estem tractant, deia:

> (...) Hoy como ayer, mañana como hoy, nos darán pollo por gallina, y gato por liebre; elaborarán el chocolate con cuantos ingredientes convenga á los fabricantes, debiendo darnos por satisfechos, con que se limiten á substituir el cacao y la canela, con la almendra, el cacahuet

y la harina de trigo ó de maíz; al pan, le agregarán, para darle blancura y peso, sulfato de cobre, carbonates de amoniaco, sosa y magnesia, alumbre, yeso y arcilla; á el vino, le adicionarán, entre otras substancias, el litargirio ú óxidos de plomo; los confiteros y licoristas, usarán cuantas materias colorantes haya menester para sus fabricaciones en tanto convenga á sus intereses; y las vacas, continuarán, como hasta aquí, reclusas perdurablemente en sus infectos establos, tuberculosas y hambrientas de pasto y sol; hidrópicas y eternamente sedientas, merced á las sales que en sus piensos les agregan los desalmados vaqueros, en su codicia insaciable de mantener pictóricas las ubres del ganado...

La piedra fiosofal para ellos [los vendedores] no es otra que trasegar el dinero de la faltriquera del comprador á la propia, tomando por pretexto el comercio de comestibles malsanos, caros y mal pesados y medidos. Así, por otro ejemplo –que podríamos hacer inacabables– las carnes y pescados corrompidos, enajénanlos, pintándolos con bisulfato sódico, vulgarmente conocido entre pescaderos tablajeros, por nievelina: con lo cual, conspiran de continuo, colaborando con los cocineros –como decía Diderot– contra la salud del género humano. (...) (LD., 8.11.1898)

Tantes crítiques i pressions, portaren l'Alcalde de Barcelona, Joan Amat, qui era de la junta de govern de la Caixa d'Estalvis i gran propietari de finques de la Barceloneta i de l'Eixample, a prohibir l'aplicació de la *nievelina* als aliments. Era el 16 de maig de1901. Durant les setmanes posteriors l'Ajuntament va treure més articles i lleis que amenaçaven a qualsevol que incorregués en fraus alimentaris, tant en pes i volum com en qualitat

S'havia arribat a un punt de plena desconfiança dels consumidors respecte als venedors. Tant és així, que quan un metge va «inventar» unes pastilles que, segons ell, ingerint-ne dues cada dia garantien de no córrer cap risc menjant carn i peix que tinguessin *nievelina*, la gent les va refusar pensant que també els comprimits podien estar adulterats.

Durant els mesos següents les parades de la Boqueria eren escorcollades sovint. De manera freqüent s'hi trobaven recipients amb bisulfit de sodi. Hi havia un estira i arronsa de les autoritats perquè els interessos eren grans. Els moments àlgids eren els de més calor, llavors el producte estrella tornava a fer-se servir a dojo. A l'agost de 1910, *El Diluvio* anunciava que l'alcalde havia fet tancar les parades 941 i 945 de la Boqueria per haver pintat amb *nievelina* les carns que servien al públic. Arribaren a ser detinguts fabricants de *nievelina*, però sols passaren unes hores a la comissaria, sortint aviat cap el jutjat corresponent on els advocats protestaren dient que els seus clients sols fabricaven productes que tenien diverses aplicacions però que en cap cas eren responsables del mal ús que els compradors en poguessin fer. A més, mostraren al jutge les corresponents reals ordres que els autoritzava a la fabricació i venda del discutit producte.

El nom de *nievelina* o *nivelina* sembla poètic, ben contrari als efectes que podia produir el diabòlic producte, per això no ens ha d'estranyar que un grapat d'anys més tard, una actriu l'adoptés com a sobrenom. Al maig de 1926 debutava una noia que seria coneguda amb el nom de Nievelina, al Music-hall BA-TA-CLAN situat en el n. 85 de l'Avinguda del Parallel, cantonada amb el carrer Poeta Cabanyes, del Poble Sec.

* * *

Els paradistes dels mercats de Barcelona sabien que a França, Alemanya, Anglaterra, *a l'estranger*, tenien unes màquines que refrigeraven i que aquest fred projectat en habitacions ben aïllades de la calor permetien guardar durant dies aquells aliments que a l'exterior es malmetien molt de pressa, sobretot a l'estiu, com ara el peix i les carns. I els pous de glaç que ja hem citat, sobretot a l'estiu, no donaven abast per refredar tants articles a tants indrets de la ciutat. A més, les pèrdues econòmiques per servir els aliments en bones condicions eren grans; calia encara afegir-hi les multes que havien de pagar per transgredir sovint les normatives sanitàries. Estem parlant de la segona meitat del segle XIX.

Als bons cafès es servien gelats fets amb l'ajut del gel procedent dels pous de glaç; però ja al 1861 hi ha lamentacions degudes a l'escassetat d'aquella neu degut a la gran demanda: *En los cafés de Tarragona han dejado de servirse helados por falta de nieve. Tambien este artículo empieza á escasear en Barcelona, habiéndose ya agotado varios pozos de hielo, á cuyo fondo no se había llegado de algunos años á esta parte.*

I els homes de negocis del país iniciaren la seves batalles. Sospesaren si era possible de fabricar aquelles màquines aquí, però les dificultats mecàniques eren un repte molt gran donat el nivell tecnològic del nostre país; fins l'any 1875, per exemple, no es va instal·lar la primera dinamo per produir electricitat a Barcelona, en un local situat davant la font de Canaletes a la Rambla, de manera que encara s'havia d'esperar perquè aquella energia s'escampés per la ciutat.

Venedor de gel al carrer

L'any 1862 aparegueren a l'Exposició Internacional de Londres les primeres màquines de fer gel així com també la primera cambra frigorífica; es tractava de l'inici de molts canvis al món dels aliments, dels mercats i de moltes altres aplicacions. Deia la premsa:

> Aquellos aparatos pueden producir hielo por «toneladas». El principio general de la fabricacion consiste en la evaporacion del éter en el vacío. Nada mas curioso que ver funcionar aquellos aparatos y fabricarse á la vista cuadrados de hielo de 20 á 30 centimetros de lado y dos ó tres de espesor, así como sentir la impresion desagradable del agua a una temperatura de 25 grados bajo cero... (DB., 2.9.1862)

Catorze anys després es va construir el primer vaixell frigorífic batejat amb el prosaic nom de «El Frigorífico»; aquest, el setembre de 1876 salpava de l'Argentina carregat de carn de bestiar que tenia com a destinació Europa; l'escepticisme inicial dels possibles consumidors s'esvaí quan comprovaren la bona qualitat del producte. Entre nosaltres, però, hi havia el problema de la conservació d'aquella carn en estat de congelació, perquè calgué esperar els inicis del segle XX per a iniciar-se la construcció de les primeres càmeres frigorífiques a Barcelona. Ara bé, durant els anys vuitanta sorgiren diverses fàbriques destinades a produir gel; en trobem una al carrer dels Ases n. 10 al barri de la Ribera, que tenia una sucursal al carrer Lancaster 13, al Raval, l'any 1883;[66] una altra al carrer Aroles; també una altra al naixent passeig de Sant Joan i també al poble de Sants.

Naturalment, es produí una davallada de l'ús de la neu premsada provinent dels pous de glaç. I l'Ajuntament, sempre atent a la recollida de diners recaptats pels pagaments fets als drets de portes o burots, en veure com queia la recaptació del fred importat, començà a gravar la fabricació industrial del producte dins la ciutat.

El 1887 arribaren al port de Bilbao una partida de vagons frigorífics per a la xarxa de ferrocarrils espanyola, fabricats a Anglaterra. Les expectatives de la gent foren massa optimistes, es publicava *que pronto veremos espender en Barcelona como en Madrid, colocadas en anchas cofas llenas de hielo, los ricos salmones, besugos y merluzas que aventajan de mucho á los pescados procedentes de las costas del Mediterráneo y especialmente de los puntos mas inmediatos á nuestro puerto.* (LV., 13.10.1887)

La imaginació posada al servei de l'economia lucrativa no té límits; ara veurem una proposta tan futurista com real ja fa temps, per part d'un enginyer barceloní l'any 1900:

> Nuestro plan se cifra en construir Salones Frigoríficos, donde el público pudiera tomar su entrada por el precio que la práctica determine, según las localidades. Estos salones tendrían distintas temperaturas, conservando la del vestíbulo poca diferencia con la del exterior del edificio y así gradualmente se llegaría á la más baja que se aceptase en el país, evitando por este medio las bruscas y repentinas impresiones que pudieran molestar á los visitantes. También resultaría muy práctico emplear este sistema de refrigeración en todos los teatros que se cierran en la temporada de verano, pues es indudable que en esta época, estableciendo el sistema de refrigeración, habían de ser tan concurridos como en el invierno, lo cual proporcionaría un valor considerable á la propiedad particular y un aumento muy digno de tener en cuenta de la riqueza pública... (LV., 2.8.1900)

El 20 d'agost de 1901, *La Gazeta* de Madrid publicava una real ordre disposant que es dictés una disposició de caràcter general declarant d'utilitat pública l'ús de cambres frigorífiques amb ventilació d'aire fred i sec.

66 Tatger, Mercè: Cfr. nota 63.

Joan Salas Anton era un home republicà, significat impulsor del cooperativisme; fou regidor durant cinc anys a l'Ajuntament de Barcelona; l'any 1902, Salas defensà una i altra vegada al consistori la necessitat d'instal·lar als mercats càmeres frigorífiques, invocant la sanitat pública, el benestar dels venedors i anunciant que si no es feia, hi havia una empresa estrangera que s'oferia a construir als mercats grans càmeres i importar 100.000 quilograms de carn de manera periòdica. Llavors fou l'empresa privada barcelonina qui emprengué la iniciativa. A les primeries de 1903 un magatzem del carrer del Carme fou convertit en un gran frigorífic el qual de seguida fou ocupat per venedors de la Boqueria. L'espai senzillament tenia pintades al terra unes línies de separació entre els llogaters; això portà algunes queixes per l'intercanvi d'olors entre els diversos aliments. A partir d'aquest moment es crearen empreses que instal·laren magatzems de fred al costat dels mercats. I l'oferta, és a dir, el negoci, s'amplià a tota mena d'espais i necessitats, de manera que l'any 1907 l'Hospital Clínic ja tenia un frigorífic pel dipòsit de cadàvers; també l'Hospital d'Infecciosos disposava d'un espai fred per els seus laboratoris. Cal dir, però, que cap nau de la flota de pesca espanyola tenia encara refrigeració pels productes que recollia, per tant no es podia endinsar massa mar endins a l'haver de tornar sovint a descarregar les captures. Això passava quan la major part de vaixells d'Europa ja feia temps que tenien bodegues ben fresques que els permetia passar molts dies seguits en alta mar.

La Boqueria fou una de les més beneficiades de l'aplicació i ús del fred. Els paradistes podien comprar sense haver d'afinar tant la quantitat, i allò que sobrava a la fi del dia es podia guardar per al següent; baixaven les pèrdues i les multes i no era tant freqüent la confiscació de peix i carn en mal estat. El mercat creixia dia a dia i aquesta expansió feia també que el ressò del seu enrenou fes impossible el son i el descans dels veïns:

> El teniente de alcalde del distrito quinto, ha presentado al Dr. Robert una numerosa comisión de vecinos de las calles del Carmen y Riera Alta para denunciarle los abuso, que cometen los carreteros que transportan verduras al mercado de San José, estacionandose en aquellas vías y promoviendo en ellas repetidos escándalos y atropellos. El alcalde ofreciòles poner remedio a la cosa. (LP., 3.10.1899)

Diverses vegades hem fet esment de la pràctica d'alguns venedors –en molts casos ja un hàbit viciós– de fer trampes amb les balances. Sembla, perquè mai no sabrem si de veritat fou així, que l'Ajuntament volgué posar fi a aquest negoci il·legal. Al darrer ple municipal del segle acordà que s'obrís un concurs per comprar 50 balances noves amb els corresponents pesos, la recomposició de 144 i reparació i afinament de 84.

I encara que a poc a poc s'anessin edificant nous mercats com el del Ninot o el de la Concepció, la Boqueria seguia beneficiant-se de l'expansió barcelonina. Respecte al nom del mercat d'*El Ninot*, l'Ajuntament mai no va aconseguir que la gent fes seu el nomenclàtor amb el qual el batejà oficialment: *Mercat de l'Avenir*. Aquest falta de sensibilitat i de voler anar contra allò que ja és arrelat a la societat, ens mostra la llunyania existent entre els qui manen i els pretesos obeïdors.

El 1897 i en contra d'altres opinions, les autoritats havien decidit l'annexió a Barcelona dels municipis de Sants, Sant Gervasi, Gràcia, les Corts, Sant Martí de Provençals i Sant Andreu del Palomar. Aviat hi afegiren Horta i més endavant, el 1921, Sarrià. De manera que aquella ciutat que tenia 380.000 habitants abans d'aquestes operacions d'antropofàgia urbanística, passà a tenir-ne 560.000 quan foren consumades. La gent de Sant Andreu va ser la que més s'hi va oposar i resistir fins que perdé el procés contenciós administratiu que havia interposat a Madrid tres anys abans.

I mentre el segle XIX agonitzava, llegim una curta notícia que podria ser un resum trist del que foren aquells cent anys: *Fue detenido anoche en el mercado de San José un niño de 10 años por haber hurtado una peseta y céntimos á la dueña de un puesto de venta de carne.* (ED., 27.1.1898)

1903: Vaga d'hortolans i peixateres

El dia 2 de maig, a les 11.40 del matí arribava a Madrid un telegrama cursat a Barcelona. El contingut, tramès mitjançant la tecnologia del telègraf que feia cinquanta anys que havia arribat al país, va esverar les autoritats:[67]

> Barcelona 2 (11,40). Mercados no entrado verduleras, pescadores. Véndense elevados precios verduras, legumbres, pescados sobrantes días anteriores. Mercado Concepción intentaron entrar algunas

67 *El Siglo Futuro. Diario Católico*. 2 maig 1903. – Aquest diari s'editava a Madrid; aparegué durant la tercera guerra carlista i tingué una vida de seixanta un anys. Defensava el pretenent Carles Maria de Borbó, Carles VII. El diari era religiós, moralista i reaccionari, deixant de sortir l'any 1936.

verduleras, haciéndolas retirar compañeras otros mercados. Producídose alborotos mercado San José. Intervino policía.–Mencheta.

Fou una vaga curta però radical, sense concessions. Quan les coses són clares a la ment i a la consciència de la gent, hi ha molt de guanyat. No podem viure sense dubtes, sols els fanàtics i els absolutistes no dubten o així ho fan creure; la seves expressions i determinacions responen precisament a una gran feblesa interna que volen compensar amb l'aparença de saber quina és la veritat a cada moment i volent-la imposar als altres quan tenen poder. Sols ells coneixen la veritat i els camins a seguir que d'ella se'n deriven.

Els antecedents a aquella vaga els trobem en la decisió del Consistori de crear un nou impost a algunes varietats de peix i a totes les fruites i verdures. La quantitat, en principi, no era molt gran, un cèntim cada deu quilos, però tothom sabia que això era per no malhumorar ningú, però que si el greuge era acceptat, cada any vindrien noves puges. Ja es pagava per entrar els productes a la ciutat, es pagava per tenir una parada, es pagava per tenir les balances que de manera obligada eren de la direcció del mercat... El primer de maig s'engegà la normativa i la reacció fou fulminant, tant els llocs de producció –pagesos i pescadors– com els de distribució i venda, suspengueren les transaccions:

> (...) En el mercado de San José, un grupo de revendedores, en su mayoría mujeres, después de increpar á los que habían arreglado los puestos de venta con verduras, les intimaron á que los deshicieran y como no accedieran los interesados, promoviéronse colisiones, durante las cuales las existencias fueron tiradas al suelo y destrozadas.
>
> El escándalo duró más de una hora, hasta que acudieron guardias municipales, llamados á toda prisa, quienes detuvieron á dos mujeres acusadas de ser las promovedoras de la algarada, las cuales fueron puestas á disposición del juzgado por orden del alcalde accidental Sr. Boladeres.
>
> También se promovió un movimiento de protesta parecido en la Pescadería, (...) los pescaderos se negaron á proveer del artículo al mercado, que se vió con tal motivo en extremo desprovisto.
>
> [Según el Ayuntamiento] el nuevo impuesto, como hemos dicho más arriba, apenas llega á un céntimo por cada diez coles ó diez kilos de verdura, á pesar de que se ha hecho correr la voz de que cargaba en siete pesetas la arroba de habas, de patatas y otros comestibles. En cuanto al pescado los arbitrios sólo pesan sobre las clases finas, como langosta, langostinos, merluza, salmón y otros de precio, quedando igualmente para la sardina, atún, caballa y demás de igual calidad.

El conflicto sigue en pie, pues los acaparadores han trabajado mucho entre los vendedores y estos con el público, para conseguir que se forme atmósfera contra los nuevos arbitrios. (LP., 2.5.1903)

Aquesta vegada els compradors feren costat als subministradors i venedors, allò que més enfurismava la gent era que feia poc havien estat alliberats d'impostos articles de luxe, productes de perfumeria i el mateix xampany. Al Mercat de la Revolució de Gràcia arribaren dos carros carregats de verdures, immediatament foren envoltats pels paradistes que impediren que fossin descarregats; després de discutir fortament amb els carreters per tal que retornessin al seu lloc d'origen, la gent els descarregà i tot el contingut fou trinxat. Relats semblants trobem referits als mercats de la Concepció, Sant Antoni, el Born, Santa Caterina o la Barceloneta.

La resposta de l'alcalde irrità encara més els pagesos i venedors per les mentides que digué a la premsa: Com i qui podia acaparar les verdures tendres i fruites acabades de collir? I els pescadors, quan el peix és un gènere d'allò més delicat...

La vida quotidiana és feta de molts colors i mentre a la Boqueria eren detingudes unes dones lluitadores, també allí mateix era agafat i portat a comissaria *un novio despechado [que] la emprendió ayer á bofetada limpia con una jóven, todo porque ésta negábase á reanudar con él las relaciones amorosas. En el Dispensario del distrito del Hospital se le curaron á la agredida varias lesiones de pronóstico reservado. Al agresor se le ocupó una navaja y un frasco lleno de ácido clorhídrico.* (ED., 2.5.1903)

A la mateixa tarda es reuniren els pagesos del Pla del Llobregat i de les vores del baix Besòs, prenent l'acord de no enviar ni un carro més cap els mercats de Barcelona mentre l'Ajuntament no es fes enrere. D'altra banda, 142 pagesos es reuniren a les mateixes hores al Centre Democràtic Republicà de Sant Feliu del Llobregat; també hi hagué una trobada nombrosa al Cafè de les Flors, a Sant Martí de Provençals. També i de manera espontània es trobaren a una cerveseria anomenada Breton situada a la carretera de Mataró, un centenar de pagesos.

D'alguna d'aquestes trobades que ara possiblement en diríem *assemblees*, els pagesos dictaren una proclama que entre altres coses deia:

Los hortelanos del llano de Barcelona desde Hospitalet á Castelldefels y desde Mataró á San Adrián, manifiestan (...) Son infinitas las gabelas [impostos] que pesan sobre la clase, condenada á pagar por los puestos de venta del mismo, por custodia de la que se deja para el día siguiente, llegado el cual, vuelve á pagar como si de nuevo fuera introducido, amén de las gratificaciones y propinas necesarias para conseguir facilidades en el negocio sin las cuales se inutilizaría el mezquino beneficio que produce. Añadir á todo ello el impuesto por Consumos de diez céntimos por cada cien kilos significa un gravámen de seis á ocho reales por carretada, sin perjuicio de que, una vez sentado el principio, iría aumentando el tipo contributivo, como ha ocurrido con las frutas y especialmente con las patatas. (...)

Además, ¿es justo ni caritativo gravar más y más los artículos que consume el obrero, cuando se rebajan los que utilizan las clases acomodadas? La consideracion al proletariado y la protección al obrero se demuestran más pronto y mejor con hechos que con palabras, y no aparecen en el Ayuntamiento los primeros, lo que debería esperarse de algunos de sus miembros que se dicen «representantes del pueblo que les eligió inmerecidamente».

Los hortelanos seguirán la huelga mientras no se llegue á un acuerdo satisfactorio y definitivo en el punto de dificultad que hoy existe, siendo inútil se pretenda introducir la confusion con noticias oficiosas de que el alcalde suspende de momento el cobro del impuesto, mientras oficialmente no se resuelva la cuestión. (...) (ED., 4.5.1903)

De manera que les autoritats començaren a veure que potser l'havien vessat. Nombrosos grups de venedors i venedores recorrien els carrers on hi havia també botigues de fruites i verdures les quals, aprofitant-se de l'escassetat de productes del camp, els venien ara a preus molt alts. Els piquets exigien que tanquessin les portes; la majoria ho feien i els que s'hi resistien contemplaven com patates, tomàquets i altres productes rodolaven pel carrer.

També els assentadors, els corredors i els venedors de peix fresc es reuniren a la Vaqueria Suïssa del Parc, eren unes 60 persones, inclosos representants de la costa. Fou un veritable i entusiasmat míting durant el qual els assistents feren el conjurament de no portar ni vendre una sola sardina als mercats de Barcelona mentre l'Ajuntament no es fes enrere en els seus propòsits.

Era cert que la caixa municipal era ben buida, el municipi estava molt endeutat i pagava quantitats grans pels interessos que generaven els préstecs. Encara no s'havien ajustat les pesades despeses de l'Exposició del 1888. El públic no entenia, com tampoc no ho podem entendre ara –malgrat sí que sabem el perquè– com és que no es gravaven els qui més tenien i tenen. L'oposició considerava, a més, que es tractava d'interessos usurers perquè els prestadors eren gent amiga de regidors o del mateix alcalde de torn. Els deutes sempre produeixen grans beneficis, i ara, una altra vegada, s'estaven preparant a la ciutat obres de dimensions colossals, com per exemple el creixement del port i l'obertura de la Via Laietana que comprenia l'aterrament de 2.190 habitatges i l'expulsió dels seus 10.000 veïns i veïnes. Aquesta obra es va fer amb préstecs al 12% per part del Banc Hispano-Colonial que havia fundat l'esclavista marquès de Comillas, Antonio López.

> En el mercado de la Boquería fueron en mayor número los incidentes que se registraron, habiéndose acometido á varias vendedoras y vendedores que comenzaron a parar los puestos y a vender géneros a precios escandalosos. A esos lucradores les costó la torta un pan, pues en pocos momentos han visto sus puestos derribados, los géneros inutilizados y ellos mismos salieron con algunos mojicones propinados por los grupos de los vendedores huelguistas. Una vendedora ambulante llamada Manuela Rodríguez debió ser auxiliada en la Casa de Socorro de Atarazanas por haber sido víctima de un atropello por parte de un grupo de mujeres que fueron sus compañeras de oficio, las cuales, al ver que la atropellada se dedicaba á vender verdura en la calle de Cervelló, arremetieron contra ella, la derribaron, pisotearon unos cestos de frutas y aceitunas y la causaron contusiones en todas las partes del cuerpo por haberla pateado aquella muchedumbre amotinada de verduleras, á quienes no pudo someter en modo alguno la guardia municipal. (ED., 4.5.1903)
>
> Escándalo.–En la calle de San Antonio Abad se promovió ayer uno mayúsculo por haber Insultado al guardia municipal Antonio Mora un vendedor ambulante á quien intentó detener (LP., 6.10.1903)

Era molt difícil trobar una sola peça de verdura, fruita o peix a la ciutat. La gent sabia que qualsevol arbitri damunt l'alimentació l'acabaria pagant ella. El clam general forçà a un ple municipal al tercer dia de la vaga; després d'unes hores de discussions, s'anul·laren les disposicions dels nous arbitris, tret –intent desesperat de no perdre l'autoritat ni de reconèixer del tot els errors– d'algunes espècies de peix. Durant la tarda i vespre d'aquell ple, la Plaça de la Constitució, anomenada així des de 1840 i de Sant Jaume des de 1931, fou assistida per milers de persones entre pagesia, venedores i consumidors. L'històric espai estava envoltat per la guàrdia

Guàrdia civil a l'entrada de la Boqueria, durant la vaga de La Canadenca, any 1919. D'altres l'atribueixen a la vaga de verdureres de 1903.

civil i tropa. La victòria fou expressada amb un gran esclat d'alegria dels ciutadans que ho celebraren de debò.

El peix hagué de resistir uns dies més perquè l'Ajuntament no ho volia perdre tot; de totes maneres i al cap d'una setmana hagué de cedir i empassar-se el fracàs sencer.

* * *

L'Ajuntament tenia pendent resoldre el problema del solar on hi havia hagut el convent de Jerusalem, situat al lloc que avui conforma la plaça de la Gardunya, a tocar de la Boqueria. Si bé aquell convent va ser abandonat durant els rebomboris de 1835, l'edificació, inclosa l'església, seguia dreta. Fou durant la revolta de *La Gloriosa* de 1868 que fou enderrocada. No obstant, nou anys després, durant la restauració monàrquica d'Alfons XII que llavors tenia dinou anys, les monges van aconseguir de Madrid que els fos reconeguda la propietat del sòl; una vegada tingueren la titularitat del mateix, el posaren a la venda. Un temps després, l'Ajuntament, davant la insuficiència d'espai de la Boqueria, llogà el vell solar als diversos i nous propietaris, propiciant que s'hi establissin les pageses i pagesos que estaven escampats i atapeïen els carrers del Carme, Hospital i entorpien la mateixa Rambla.

No obstant, aquell espai era, des del punt de vista sanitari i urbanístic, tot el contrari del que havia de ser, més encara tractant-se d'un indret dedicat al pas i venda d'aliments:

> El terreno que sirve de ensanche á la plaza-mercado de San José y que antes ocupaba el convento é Iglesia de Jerusalén, está convertido en un grande sumidero, donde propios y estraños se creen con el derecho de hacer lo que les dá la gana. Así es que detrás las numerosas piras de maderos y los grandes montones de basuras, salen corruptores miasmas que vician la atmósfera y que la autoridad local debe procurar á todo trance que desaparezcan, máxime habiéndose desarrollado de una manera espantosa en Inglaterra, Prusia y Rusia el cólera y no sabemos cuántas otras enfermedades. Ayer por la mañana, á causa de la escasa lluvia que cayó, los miasmas eran tales, que no se podían resistir. (LI., 17.7.1871)

El preu que l'Ajuntament pagava pel lloguer era molt car, 24.000 duros anuals, és adir, 120.000 pessetes, equivalents a 480.000 rals. Sorgí la proposta perquè el consistori comprés els terrenys taxats en un valor de 2.113.069 pessetes; llavors els regidors s'escindiren en dos bàndols, els que volien seguir pagant lloguer i els que eren partidaris de comprar. Fins aquí res d'estrany; el que passava, però, era que hi havia interessos perquè l'Ajuntament seguís pagant el lloguer; així ho preferien els propietaris dels 5.500 metres quadrats dels terrenys, entre els quals hi havia, com a principal, la família de Manuel Girona Agrafel, banquer, industrial, ex-alcalde de Barcelona, fundador de la *Cámara de Comercio Industria y Navegación*, etc. Eren operacions que movien molts diners que passaven per diverses mans.

Entre propietaris i regidors aparegueren dues noves propostes: Una era de fer taula rasa amb la Boqueria, és a dir construir un nou mercat en els terrenys sense edificar encara, annexes a la Casa de Misericòrdia, sumant-hi nous solars d'algunes cases veïnes que s'expropiarien i que tenien poc valor cadastral. Amb la venda dels terrenys de la Boqueria, més valuosos, es podria construir *el más grande y bello mercado de Europa*, així es presentava a la premsa l'avantprojecte. L'altra suggeriment era la d'aprofitar els quatre angles exteriors del mercat de Sant Antoni per encabir-hi els majoristes de fruites, verdures, hortalisses i llegums, els quals havien d'anar al solar de Jerusalem.

Prevalgué l'assenyada opinió de no tocar, en primer lloc, la Boqueria del seu lloc; després la de comprar els terrenys de l'exconvent a condició d'aconseguir una rebaixa del preu proposat per la propietat, condició que es va superar declarant-lo *Bien de interés público* i procedint a la seva expropiació amb les compensacions econòmiques reglamentades. Naturalment, ens preguntem: aquest procediment, no es podia haver aplicat abans? L'Ajuntament, per tal d'obtenir diners en efectiu per procedir a l'expropiació, a mitjan de 1901 va posar en venda a Barcelona i a Madrid, 5.490 títols del deute municipal, i el 30 de desembre del mateix any es firmava l'acta notarial de l'operació.

> En cuanto al llamado Mercado de Jerusalén, pertenece al Ayuntamiento en méritos de la venta, cesión y carta de pago, a su favor, otorgada por don Juan Girona, en nombre propio y de los demás copropietarios, de todo el tercio de superficie 6,729'70 m2, que se utilizaba, mediante arrendamiento, para Plaza Mercado de San José, procedente del derruido Convento de Jerusalén...[68]

La Boqueria, tan gran com conflictiva

Entrant al segle XX ens trobem que la ciutat està creixent, en primer lloc per les agregacions de poblacions veïnes però també pel flux continuat de persones provinents de l'interior de Catalunya i de la resta de la Península. Això repercuteix en el creixement dels mercats, de tal manera que la Boqueria assoleix al màxim de parades de la seva història segons la nostra informació:

Parades del mercat de la Boqueria l'any 1901

Puestos para la venta de aceitunas	6	Puestos para la venta de frutas	123
Aves	9	Carne de gallina	165
Ajos y perejil	6	Garbanzos	94
Carne de buey	129	Huevos	16
Ternera	124	Hierba	1
Carnero	102	Jabón	2
Tocino	67	Leche	2
Cordero y cabrito	35	Legumbres	4
Carne macho cabrío	17	Mariscos	17

68 Ayuntamiento de Barcelona. *Segundo inventario general de los bienes patrimoniales de esta Ciudad.* Agosto 1930

Conejo	2	Naranjas	1
Comestibles	4	Pescado	57
Comidas	2	Pan	9
Ciruelas	2	Pesca salada	4
Caracoles	2	Pastas para sopa	17
Cebollas	4	Patatas y tomates	1
Despojos	41	Palomas	15
Dulces	1	Verduras	459
Depósitos	7	Volatería	21

(*Anuario Estadístico de la Ciudad de Barcelona. Año I. 1902.* Ayuntamiento de Barcelona)

Aquesta crescuda de dimensions espectaculars que el porten a convertir-se en un dels mercats més grans d'Europa, resulta que no va acompanyada del creixement de la higiene, l'ordre i la qualitat dels productes, bé tot el contrari. En aquest primer decenni del 1900 l'estat físic de la Boqueria feia pena. El mercat creixia més i més, però també la seva brutícia i sobretot la corrupció dels seus dirigents. La premsa, denunciava una i altra vegada *el pésimo estado en que se halla el mercado de San José; aquello, en efecto, sobre todo en la parte que recae á la calle de Cervelló, más que un mercado parece un estercolero.* (ED., 6 nbre. 1903) Quan plovia, tothom es mullava per les goteres, els tendals estaven foradats com un cel nocturn estelat i el terra era un fangar on les relliscades eren a cada passa:

> El mercado de San José más parece una feria de una ciudad de Turquía ó Marruecos que el sitio en donde se guardan y venden artículos dedicados al consumo. Lo que ocurre con dicho mercado no tiene nombre (...) la limpieza se hace en malas condiciones; y nada digamos de lo que ocurre cuando llueve, puesto que permanecer bajo los techos del mercado es como estar á la intemperie, quedando los pasillos destinados al público como nuestras calles: llenos de agua y de barro. (ED., 10.2.1906)

Calgué esperar el novembre de 1911 perquè les parades de peix deixessin el magatzem atrotinat, mil vegades apedaçat i passessin a la rodona central que avui encara perdura. Aquesta vegada l'obra meravellà el públic, ningú no estava acostumat a aquelles intervencions arquitectòniques. La gran estructura metàl·lica es va anar estenent per la resta del mercat, tal com avui la veiem, i va ser acabada l'any 1915; per fi s'havia acabat la precària i extrema situació dels compradors, i sobretot dels venedors, que des dels inicis de 1840, quan es va inaugurar la Boqueria, havien suportat. La gran estructura va ser construïda a la Maquinista Terrestre i Marítima, i les parades de peix, amb taulells de marbre blanc sostinguts per potes de ferro i llautó, tenien al seu darrere una mitja paret revestida de rajoles amb ornamentacions, formant un gran cercle ovalat. A partir 1916 es començaren a construir d'obra les parades de carn i altres aliments seguint un patró dibuixat per l'Ajuntament.

També en aquests anys es va aixecar l'arc modernista que veiem des de la Rambla; era la primera vegada que a la Boqueria hi entraven les arts decoratives.

* * *

De vegades, diem, un petit incident en fa esclatar un de molt més gran. Això es el que passà a finals de setembre de 1903 quan un jove nomenat Salvador Catasús travessava el mercat carregat a l'espatlla amb un gran cove ple de pebrots. Pel que sigui, la càrrega li va caure i tots els pebrots s'escamparen pel terra, tallant el pas a dos carros que s'atansaven; els carreters mateixos de seguida es posaren a ajudar el xicot a recollir els pebrots. Però heus aquí que tot seguit arribà un mosso, pretès delegat de l'autoritat, Hilario Vergara, el qual començà a escridassar al Salvador perquè havia tallat el tràfec, aquest li explicà el que havia passat mentre tornava a lligar-se el cove a l'esquena amb la mala sort que la corda es trencà. El mosso del mercat cregué que el Salvador se'n reia i arribaren a les mans. El director del mercat Sr. Josep Font, qui ja ha sigut un malaurat protagonista en aquest escrit, es presentà per fer la seva justícia, i ajudat per uns municipals lligaren el Salvador i se l'endugueren, en mig de les protestes de la gent, a les oficines de la Boqueria, on rebé una pallissa. I per si era poc, el director decidí portar la víctima, ara detinguda, a la policia. Però la veu s'havia escampat, i unes mil cinc centes persones s'havien concentrat davant el despatx del director qui no tingué més remei que alliberar el maltractat Salvador Catasús. Més encara, la gent exigí –i no era la primera vegada– la destitució del director de la Boqueria. Tot va quedar amb una suspensió temporal. (LP., 26.9.1903)

Hi ha una evidència: poder remenar a la Boqueria era el desig de moltes persones que tenien les butxaques molt fondes; era un mercat en el que s'hi bellugaven molts diners; tones de fruites i verdures, carns, peix i altres aliments entraven i sortien cada dia amb l'espècie canviada, és a dir, en forma de diners, els quals atreien com la carnassa les aus rapinyaires.

L'any 1911 l'Ajuntament estava dominat per una majoria lerrouxista i aquesta, tement perdre aviat la seva situació avantatjosa, corria a tota cuita a fer diners. I així és com al març d'aquell any, essent alcalde de Barcelona Salvador de Samà, dues vegades marquès i hereu de la fortuna feta a Cuba pels seus avantpassats, veié amb bons ulls l'operació de posar a la venda pel mètode de subhasta pública per part de la comissió d'Hisenda, del director de la Boqueria i del regidor-inspector, quatre de les dotze parades de peix que cada dia, a primera hora, des de *tiempos inmemoriales* de manera gratuïta eren sortejades entre els dos-cents venedors ambulants que envoltaven els entorns del mercat, famílies peixateres pobres, algunes pescadores propietàries d'una barqueta; aquests peixaters solien anar descalços per la Boqueria. La venda d'aquells llocs representà –segons càlculs dels diaris– més de set mil duros, és a dir, trenta cinc mil pessetes, una quantitat molt important. Els diaris crítics amb el sistema governant, tronaren:

> ¿Hasta cuándo han de durar los conflictos en el mercado de San José? ¿Por qué se ha de arrebatar á los pobres una cosa que por herencia pueden y deben considerar como suya y que al arrebatárselo los sume en la miseria?
>
> Son inútiles todos los subterfugios y evasivas. El apoderarse de lo ajeno contra la voluntad de su dueño no tiene más que un nombre. Hay que evitar que se pronuncie claramente. (ED., 21.3.1911)

Ens agrada tenir el testimoni de la Carme,[69] tercera generació de venedores de peix al nostre mercat; ens explica que la seva àvia era una d'aquelles peixateres anomenades pobres o ambulants inscrites al registre per poder vendre el seu producte sense despeses mitjançant una rifa. L'àvia anava cada tarda a la *placeta*, al peu de la torre del rellotge, situada al Moll de pescadors de la Barceloneta. Allà comprava a les barques el peix que considerava que podria vendre l'endemà. Arribada la matinada següent, anava a la plaça a esperar el sorteig; si la sort l'afavoria, anava a ocupar una de les parades reservades per entrar al sorteig que, després del trasllat de 1911, estaven situades davant les columnes a la banda del carrer de l'Hospital, i si l'atzar li era advers, s'havia d'esperar que acabessin de vendre les afortunades del dia per passar ella com a segon o tercer torn.

Consta també que aquella decisió de posar a subhasta quatre de les dotze parades gratuïtes estava recolzada pels venedors de peix més poderosos del mercat els quals havien ofert alguns diners al nou director lerrouxista Ramon Olivella per les despeses que poguessin sorgir per fer a fora els pes-

69 Encara que el relat és verídic, el nom de la relatora, per voluntat seva, és fictici.

La nova peixateria al centre del mercat

cadors itinerants. Els venedors ambulants es defensaven; es reunien al local de l'Ateneu Radical Republicà, al carrer de l'Om número 10, on acordaven una i altra vegada enviar comissionats a l'Ajuntament, a la direcció del mercat i a la premsa, demanant i exigint s'executés el «cúmplase» per tal que es sortegessin altra vegada els quatre llocs de venda; també denunciaven el mal tracte que rebien per part d'algun empleat del mercat. (ED., 21 juny 1911). També el conservador diari *El Poble Català* feia costat als peixaters pescadors dient que *s'han adjudicat quatre de les dotze parades à determinades persones amb la general protesta de l'opinió pública que veu amb dolor com es mermen aquestos petits beneficis (...) creant-se una situació privilegiada a favor d'opulents industrials. Que es retirin les concessions provisionals que de quatre dels referits llocs s'han fet sortejant-se de nou d'igual forma que els vuit restants.*[70]

Els orígens del conflicte els trobem en la voluntat testamentària que la propietària del Palau de la Virreina havia deixat, expressant que aquells llocs de venda, que estaven en la seva propietat, fossin perpètuament destinats a la ven-

70 *El Poble Català*, 7 juliol 1911 – Aparegué com a setmanari l'any 1904 i com a portaveu del Centre Nacionalista Català. Aparegué com alternativa a *La Veu de Catalunya* i a altres diaris, com *El Progreso* o *La Protesta*, representant una tendència centre-nacionalista republicana. A partir de 1910 es convertí en l'organ de la Unió Federal Nacionalista Republicana. L'any 1918 sortí el darrer número.

da d'aliments en mans dels pobres. Es tractava de l'actual placeta de sant Galdric. L'oposició i resistència a la privatització d'aquells llocs fou tan gran que l'Ajuntament prometé que retiraria la llicència provisional que havia concedit. El cas, però, és que quatre mesos després tot seguia igual malgrat la indignació, i llavors va passar allò inevitable, provocat per la ira davant la presa de pèl i la mofa que les autoritats feien dels seus súbdits: el dia 11 d'agost del mateix any, sis mesos després del conflicte creat per les autoritats i que quedava impunement sobresegut, el Director de la Boqueria Ramon Olivella passava a les 8 del matí pel carrer del Hospital a l'alçada del de la Cera, anant cap a la feina; un home vestit de mecànic se li tirà al damunt i li donà tres cops de martell al cap. L'agressor conegut com el *Camalans*, que en realitat era Artur Cantera Llauradó, de 54 anys, era un dels peixaters afectats pel que era l'inici de l'espoli de les parades gratuïtes de peix. El *Camalans* era un veritable líder, capdavanter en la defensa dels seculars drets, –ben pocs– que tenien els peixaters i venedors pobres. Aquest home des de primers d'any venia demanant ser rebut pel director Oivella per exposar-li la seva situació precària i poder-li manifestar una petició, i cinc mesos més tard en una carta als diaris es queixava de la indiferència d'Olivella que no l'havia encara volgut rebre. El diari crític *El Diluvio* definia Olivella com un home *deferentísimo siempre para los magnates de la Plaza, rígido é inflexible para con las pequeñas faltas de los infelices.* (ED., 28.3.1911)

I diuen les cròniques, que quinze dies després, el director ja tornava a exercir el seu càrrec, i que un temps més tard va sortir cap un balneari d'Alemanya per acabar de posar-se bé.

Malgrat l'aspra campanya, aquells peixaters anaren perdent les prerrogatives, perquè el senyor Ramon Olivella era el poder, i a la Boqueria el poder es deia Ramon Olivella. Aquest home estava ben apadrinat a l'Ajuntament i representava molt bé els seus interessos. Sabem que el menjar molt i a deshora generalment i entre altres coses, fa la panxa grossa i aquesta demana més teca: I aquí tenim que de cop i volta el Ramon Olivella fou nomenat director del mercat de llibres vells de Santa Madrona, com si els llibres fossin patates o bacallà, o les sardines fossin novel·les o manuals de jardineria; la gent es preguntava què tenien a veure els problemes de la Boqueria amb els llibres vells. I amb l'Olivella al davant, ara començava la mateixa cançó en un gremi nou:

> Se ha adjudicado el puesto número 15 á un tal Ricardo Duran por una cantidad modestísima, con gran descontento de muchos libre-

> ros que hubieran asistido á la subasta y habrían pujado la cuota con mayor lucro del Municipio. Convendría que se aclarara este asunto, pues entre aquellos modestos comerciantes se murmura y se habla de privilegios y de compadrazgos. El director del mercado de San José debe aclarar por qué no sacó á subasta el pabellón número 15. Esto nos ruegan los que se creen perjudicados y esperamos que serán atendidos. (ED., 3.3.1912)

Es multiplicaven les denúncies contra el director Olivella, a vegades per les subhastes aparents de parades que prèviament ja havien estat adjudicades; de manera indemostrable havien sigut transaccions amb diners que corrien sota mà.

Però la fam no és el mateix que la gana; si aquesta permet assaborir i gustar els aliments, la fam pot convertir-se en un instrument depredador i la multiplicació d'aquests instruments esdevenir un sistema. Poc després de la fallida operació, les autoritats decidiren iniciar-ne una altra que els compensés: a l'actual plaça de la Gardunya hi havia unes dues-centes persones venedores de fruites i hortalisses i productes de temporada, als quals la direcció de la Boqueria tolerava que exercissin el dret de vendre a canvi de pagar un arbitri moderat a l'Ajuntament. Eren els venedors pobres de la Boqueria, molts d'ells antics venedors ambulants que eren l'extrem contrari dels importants i grans negociants que formaven una mena de trust, imposant els seus preus; com deia *La Publicidad* a finals de març de 1911, *después de los pobres pescadores les ha tocado el turno á los vendedores ambulantes y al por menor, es decir al proletariado de nuestros mercados.* A més, aquest proletariat comprava cada dia les mercaderies que volia vendre als majoristes de la Boqueria. El director del mercat, Ramon Olivella, en complicitat amb la junta de la *Asociación de Asentadores y Vendedores al por mayor de frutas y hortalizas*, (LP., 28.3.1911) amb el pretext de que al mercat els abastadors necessitaven més espai per subministrar i repartir els productes que portaven, va decidir retallar el poc lloc que ja tenien els ambulants.

És patent com Olivella s'havia guanyat l'enemistat dels venedors pobres, però ara es guanyava també la dels comerciants benestants i la dels més poderosos al pretendre cobrar-els-hi 150 pessetes pel projectat empedrat del sòl del mercat:

> Para colmo de sus males, según se nos asegura, obligan á los que tienen el puesto subastado ya hace muchos años, y que, por consiguiente, han contribuido á las cargas del Municipio todo el tiempo que están establecidos, a pagar el nuevo adoquinado, que según datos, cuesta unas 150

> pesetas por industrial, y los nuevos puestos de frutas y hortalizas que se construyen. No sabemos que esto pueda ser acuerdo del Ayuntamiento y, por lo tanto, sospechan los vendedores que todas ésas vejaciones no tienen otro fundamento que una arbitrariedad del señor Olivella para granjearse las simpatías de sus jefes lerrouxistas. (ED., 31.8.1910)

La situació del director de la Boqueria, que a més de director del mercat del llibre vell de Santa Mònica era també el director general de tots els mercats d'aliments de la ciutat, era ja escandalosa i per tant insostenible; a les darreries de 1912, Olivella deixava el primer d'aquells càrrecs per passar a fer-se càrrec del mercat de l'Avenir o del Ninot. L'alegria fou efímera. Aprofitant que durant un temps l'alcalde Joaquim Sostres estava de baixa per malaltia, l'alcalde accidental amb el pretext que el director general de Mercats ho havia de ser també del de la Boqueria, el retornà al principal mercat; aleshores sorgí un seriós conflicte, al no ser reconegut per la major part dels paradistes i de l'administració d'Hisenda de la ciutat; hi hagué manifestacions dels venedors davant del Govern Civil contra la reposició del quasi omnipotent Olivella. A la fi, el 20 de gener de 1914 Olivella va ser cessat del més sucós mercat de Barcelona. Com un mico aferrissat a l'arbre al que no vol deixar, així hagué de ser arrancat Olivella del seu despatx central. No volem ni podríem –sempre ens quedaríem curts– quantificar la brutícia que s'amuntegava a l'anomenada Casa Gran aquells anys.

Pel que fa a la Boqueria en general, ja hem dit com també era molt criticada pel mal estat d'algunes viandes que eren posades a la venda. Però allò més greu eren els preus dels articles; deien molts entesos que pel que feia als aliments, Barcelona era una de les ciutats més cares d'Europa. La carestia de les subsistències posava en una situació molt difícil a la majoria de la gent. Miquel Sastre Sanna, que fou un estudiós de les condicions de vida de la classe treballadora a primers del segle XX, resumia en tres punts el drama d'aquells anys afirmant:

> 1r: Que a Barcelona hi havia molta gent sense feina.
> 2n: Que la que treballava, amb penes podia menjar.
> 3r: Que el poc que menjava estava adulterat.

I Ferrer i Vidal, empresari català, que havia sigut un aferrissat defensor de la submissió de Cuba a Espanya i de l'esclavatge, en un moment d'expansió va arribar a dir que *si els espanyols mengéssim, ens moriríem de fam*. Entre 1890 i 1900 els salaris gairebé no es van moure, mentre els aliments, com podem veure en el següent quadre de Sastre, sobretot entre 1900 i 1905, no paraven de créixer: (LV., 27.6.1905)

Preus en pessetes

Articles	Unitat	1900	1905	Augment %
Carn de 1a classe	lliura	1,00	1,10	11
Id. de 2a (amb os)	"	0,50	0,70	28,5
Mongetes corrents	"	0,15	0,25	66,6
Id. del ganxet	"	0,25	0,35	40
Cigrons del saüc	"	0,50	0,70	40
Pèsols tendres	quilo	0,40	0,85	112,5
Bacallà corrent	lliura	0,45	0,55	22,2
Patates	arrova	1,00	2,00	100
Ous	dotzena	1,00	1,50	50
Oli de qualitat inferior	litre	0,25	0,30	20
Oli de 2a classe	quartà[71] (4,15 l.)	5,40	6,00	11,1
Porc (llom)	lliura	1,20	1,40	16,6
Porc (magre)	"	0,90	1,10	22,2
Porc (llard)	"	0,90	1,00	11,1
Faves tendres	3 lliures	0,10	0,45	0
Conill	lliura	0,90	1,10	22,2
Sucre blanc	"	0,40	0,50	25
Id. roig	"	0,35	0,50	42,8
Pa	quilo	0,40	0,45	12,5
Vi	litre	0,30	0,35	16,6

Aquesta era la mitjana dels preus als mercats de la ciutat; veiem com les faves han triplicat el cost i els pèsols i les patates –aquestes fonamentals a la cuina popular– l'han doblat i a la resta la puja balla entre el 10 i el 45%. Sastre omet les fruites i verdures per les grans oscil·lacions –explica– que tenen durant les estacions de l'any; també constata que els mercats més econòmics són els de la Boqueria i Santa Caterina degut a, *1ª. que dichos mercados reciben los productos directamente de los abastecedores, y 2ª. que los vendedores no pueden cargar mucho la mano en los precios, porque la inmensa mayoría de las mujeres que en ellos se surten pertenecen á la clase obrera, y los vendedores saben muy bien que ésta anda escasa de dinero y que de cargar la mano en los precios se expondrían a tener que fiar, y tal vez á perder el artículo y el dinero.*

71 El quartà de Barcelona era 1/12 part de la quartera, o sigui 5,79 litres

Un destacat veterinari que coneixia bé el tema de la carn, la seva cria i el tema del mercadeig, afirmava que,

> No hi ha cap ciutat a Europa on la carn es mengi tan dolenta com a Barcelona. La queixa del públic en la taula de la tallera ha sigut constant; la protesta del consumidor ha estat diària. Però, aquests planys ni han estat atesos, ni de una manera formal s'ha tractat de portar a la venda unes carns de millor qualitat. La carn a Barcelona s'ha venut quasi sempre cara.[72]

Contra la venda ambulant. Els memorialistes

Amb la lògica d'una societat regida i regulada pel mercat i la competitivitat econòmiques, els i les venedores itinerants feien molta nosa al mateix Ajuntament que perdia una potencial recollida d'impostos i sobretot enutjava als paradistes i botiguers, que com ara, protesten pels *manteros* i *lateros* als quals consideren «competidors deslleials». El tema és impossible de resoldre quan s'enfronta dret natural i dret positiu, o sigui quan té prevalença jurídica el benefici econòmic pel damunt al dret de subsistir. De manera generalitzada, els venedors ambulants eren gent que formava part de la classe que vivia al dia, sense feina ni patrimoni; és evident que no tenien despeses fiscals i eren els principals subministradors de la classe obrera al poder oferir la seva mercaderia a preus inferiors a la dels botiguers.

El febrer de l'any 1905, paradistes i botiguers convocaren una reunió al teatre Condal en la que acordaren exigir a les autoritats que posessin fi a la venda itinerant; un dels principals arguments dels reunits era el sanitari, afirmant que els productes de la competència no estaven sotmesos a cap control i eren, per tant, un veritable perill per als ciutadans (ED., 28.2.1905). A més, deien, els comerciants pagaven tots el impostos i arbitris, càrregues que s'estalviaven els ambulants. Llavors l'Ajuntament inicià, de manera especial al Raval que és on més es practicava aquell comerç, una operació que seria impossible de culminar: posar fi a la venda pels carrers, intervenint qualsevol mercaderia que fos venuda a la via pública i detenint moltes vegades els venedors, sobre tot els que eren infractors repetidors.

72 Rossell Vilà, Pere Màrtir: *El problema de les carns.* Mancomunitat de Catalunya, Publicacions dels Serveis de Ramaderia. Barcelona 1921.

Hi havia dues menes de venedors ambulants. Uns eren *legals*, pel fet que pagaven una tassa reduïda al municipi per exercir la feina. Els hi era assignat un punt de venda i sols podien despatxar aquells articles que havien demanat o que se'ls havia especificat. Sempre havien de dur al damunt el permís de venda. I naturalment, hi havia els venedors *il·legals*, que no tenien cap mena de permís. De totes maneres, de manera genèrica podem dir que els municipals no tenien cap afinitat ni amb els uns ni amb els altres. A principis del segle XX, els ambulants que venien mercaderies que pel seu pes o volum eren difícils de transportar a mà o a l'esquena, introduïren alguns tipus de carretons; això comportà també més conflictes quan l'Ajuntament decidí de cobrar un suplement per les noves eines que considerava vehicles els quals havien d'estar enregistrats i portar una placa o *pissareta* fixada en un lateral. Es tractava d'un altre impost. D'altra banda, molts d'aquests carretons eren llogats perquè molts dels usuaris no tenien diners per tenir-ne de propietat; precisament aquests venedors denunciaven que aquest lloguer era un autèntic monopoli a l'estar només en dues o tres mans en tota la ciutat.

Els voltants de la Boqueria eren un lloc privilegiat per a la venda perquè la gent que hi passava era gent que havia de comprar i les ofertes eren temptadores, això enervava els que tenien lloc fixe a la plaça. El guàrdies municipals eren la *bèstia negra* dels venedors itinerants, de tal manera que els enfrontaments i agressions entre uns i altres eren una nota quotidiana. Per exemple a l'octubre de 1880 llegim:

> Se ha acercado á nuestra Redacción una vendedora ambulante de las cercanías del mercado de la Boquería, quejándose de los malos tratos de que ayer fué víctima por parte de un individuo del cuerpo municipal. (ED., 7.10.1880)

També,

> Un jóven vendedor ambulante tuvo ayer un altercado con un guardia municipal, por cuyo motivo fué detenido y puesto á disposición de la autoridad. (ED., 23.6.1884)

I no sempre l'autoritat en sortia ben parada:

> –Mientras pasaba ayer un carro por el cruce de la calle de los Baños Nuevos y de la Boquería, un vendedor ambulante dio un empujón á un municipal que le lanzó debajo del carro, pasándole una de las ruedas por encima del cuerpo. El municipal fue auxiliado en la Alcaldía y

el agresor escapó. El vendedor ambulante dio el empujón al municipal porque este le advirtió que no podía obstruir la acera. (ED., 20.8.1884)

–Este mediodía se ha promovido un gran escándalo en la calle del Hospital á consecuencia de haber reconvenido un guardia á un vendedor ambulante. Este se negó á ir al cuartelillo apoyándole en su resistencia algunos transeúntes, originándose una pelotera que acabó con la intervención de otros guardias quienes dieron con el vendedor y los que le apoyaban en el cuartelillo. (LP., 4.7.1901)

–Alboroto. Lo hubo en la calle del Pasaje, esquina á la de Jerusalem, y se reprodujo luego en la plaza-mercado de San José. Un guardia detuvo en el primer sitio mencionado a un vendedor ambulante, á quien obligó á comparecer ante el director del mercado. La resistencia del detenido y la insistencia del guardia comenzaron el alboroto. En el mercado acudió la madre del detenido. Se insolentó contra todos los guardias y director y fue conducida al Juzgado junto con su hijo. (ED., 7.10.1891)

No hem de pensar que aquestes notícies siguin rebuscades o excepcionals, ben al contrari apareixen amb normalitat i freqüència a la premsa de l'època:

–Ayer tarde el municipal número 254 dio varios puñetazos á un vendedor Ambulante. Reclamó el atropellado, y recibió nuevos golpes. Conducido al cuartelillo de San Felipe Neri, fue allí atropellado de nuevo. Llamamos la atención del concejal inspector de la Guardia municipal para que corrija semejantes abusos. (ED., 5.11.1884)

–Al tiempo de dirigirse un municipal por la calle del Pino al cuartelillo del distrito con varios abanicos decomisados á un vendedor ambulante, este se abalanzó contra él y quiso arrebatárselos. Por esta acción fue detenido y conducido el Juzgado de Guardia. (ED., 3.6.1885)

–Atropello. A las cuatro y cuarto de la tarde de ayer, el individuo de la Guardia Municipal, número 454, atropelló de mala manera á un vendedor ambulante de relojes. El atropellado y un compañero suyo se habían situado en aquel sitio para expender su mercancía, y el guardia citado, en vez de limitarse a cumplir las órdenes que tiene recibidas, de no permitir la venta de artículos en la vía pública, desenvaino el sable y dio con él tan fuertes golpes a uno de los vendedores, que le causó una herida en la cabeza y otra en la espalda. ¿Qué tal serian las lesiones causadas á su víctima, cuando él en persona acompañó al herido a los médicos de la Alcaldía, para que lo curaran? Basta saber que el sable con el cual realizó su hazaña quedó hecho pedazos. El público que presenció el atropello, estaba justamente indignado. (ED., 12.4.1889)

Repressió de la venda ambulant pels voltants de la Boqueria

Els molls de mercaderies del port eren espais ben assortits també de venedors itinerants. Allà on hi havia un vaixell trafegant càrrega o descàrrega, naturalment hi havia mariners, estibadors, mossos de càrrega, carreters, camàlics, que formaven un formidable personal idoni per a ser servit, però no hi faltaven tampoc aquells venedors. Durant el mes de juny de 1902, la Junta del port, recolzada probablement pel governador civil, prohibí el servei. El disgust i la contrarietat va ser gran, tant per part dels potencials compradors com dels venedors; aquests, repartits pels diferents molls, eren més d'un centenar. Així s'explicava dient que es tractava de

> chuferos, altramuceros y avellaneros, aguardenteros, aguadoras y vendedores de rosquetas, churros y demás; ganábanse la vida en el puerto desde hacía ya más de veinte años sin que por nadie no hubiese formulado la menor reclamación, antes al contrario con gran contentamiento de los obreros marítimos, que tenían siempre á mano un vaso de agua ó un refresco cualquiera que mitigara la sed, especialmente en esta temporada de sofocante calor. (ED., 28.6.1902)

Al gener de 1905 els venedors ambulants celebraren una reunió al *Café del Chino*, situat al carrer de l'Est, en la qual proposaren demanar a l'alcalde l'aprovació dels següents punts. 1r- Legalització de la venda ambulant. 2n- Permisos mensuals per a tots els venedors. 3r- Que els permisos siguin purament personals i valedors a tot el radi de Barcelona. 4t- Els venedors que utilitzin un carretó pagaran un màxim de 1,25 pessetes mensuals. 5è- Els venedors amb caixes portables, cistells o altres objectes semblants no podran excedir el pagament de 0,35 pessetes mensuals. 6è- Tots els venedors mantindran una distància de 100 metres dels mercats com a màxim. Dos anys abans, al febrer de 1903, els mateixos venedors havien fet unes peticions semblants sense que mai no haguessin tingut resposta.

És així com els peticionaris, en nombre d'uns 300, començaren a manifestar-se cada setmana; aleshores els comerciants de la Boqueria i altres mercats amenaçaren de declarar-se en vaga indefinida en cas que les demandes anteriors fossin acceptades, responent els ambulants que si aquells abandonaven les parades per fer vaga, ells les ocuparien.

I el dia 12 de març el consistori barceloní aprovà una reglamentació que irrità molt els venedors ambulants; el nou reglament deia en primer lloc que sols podria haver-hi 25 comerciants itinerants a cada districte i que aquests no podrien vendre a menys de 200 metres dels mercats i a 50 de les botigues amb el mateix gènere. S'afegia que les llicències de *primera clase* serien per els venedors amb carretons; les de *segunda* per quincalleria i similars; les de *tercera* per a les taronges, melons, cacauets, xufles i altres, i les de *cuarta*, per a les verdures en cistells. L'impost anual seria de 50 pessetes, que suposem que seria per als de primera classe. I quedava radicalment prohibida la venda de carn, aus, peix i articles de menjar sotmesos a la inspecció veterinària. Queda clar que aquestes disposicions contrariaren molt a tothom, venedors ambulants i venedors fixes; retallava tant el nombre de llicències que era obvi que les coses no millorarien, i demanar que la venda es dugués a terme a partir de 200 metres lluny dels mercats també s'endevinava que no es compliria. Per altra banda, la decepció de botiguers i paradistes que aspiraven a la prohibició i supressió radical dels ambulants, fou gran. Demanar això, sense oferir cap altra sortida era el mateix que demanar la supressió d'aquelles persones... El problema s'aniria fent cada vegada més gran. Passaria al combat polític en iniciar-se la Segona República, com veurem al seu moment.

* * *

Tocant a la Boqueria, a la vorera ampla que hi ha davant la Virreina, hi havia unes casetes o barraquetes de fusta on feien la seva feina els anomenats

Memorialistas o Escribientes; aquests eren gent curiosa: era ridiculitzada pels lletrats i els amants de la literatura, fins i tots pels periodistes; quan el seu ofici fou reconegut oficialment i classificat en importància als efectes d'arbitris i contribució, foren posats a la vuitena classe, la més baixa i per tant més econòmica, junt a *los barberos sin tienda, los vendedores de tripas, callos, mondongos, cuartos y menudo de aves ó de reses; los de unto de botas ó cepillos para limpiarlas; los aguadores que con caballería, cuba o cántaro surten las casas; los vendedores de periódicos*... Però en canvi eren valorats per la gent senzilla, aquella que no sabia escriure o en sabia poc.

A les darreries del segle XVIII ja hi havia memorialistes a la ciutat; al XIX el seu nombre cresqué, n'hi havia a les portes d'alguna parròquia. A més de saber, naturalment, llegir i escriure correctament, els memorialistes tenien una bona cal·ligrafia; a la seva tauleta hi tenien paper de diverses mides, un tinter i la ploma, feien una tasca de suplència molt important com podia ser redactar instàncies, omplir recursos o reclamacions i pel damunt de tot en quantitat, escriure cartes de tota mena. Les noies que tenien el seu promès o marit lluny perquè estava fent el servei militar eren una de les bases clientel·lars més fidels i constants dels escrivents.

Les tres casetes de memorialistes adossades a l'exterior del mur que separava la Boqueria de la Virreina rebien moltes visites dels paradistes de la Boqueria referents a temes de negocis, com comandes, devolucions, recursos a sancions, peticions a l'Ajuntament, etc.

De mica en mica, els paradistes assumiren altres feines, la més important de les quals era la de facilitar treball a qui no en tenia i proporcionar personal a qui en buscava, com si fossin petites agències de col·locació; llavors l'autoritat competent –o incompetent– es pronuncià: *el gobernador civil ha publicado una circular previniendo que multará con el máximum de la ley á los memorialistas y agentes de negocio que se dedican á la colocación de sirvientas sin estar debidamente autorizados*. (LP., 12.3.1879).

Hi havia escrivents que es guanyaren la bona reputació i la confiança de qui rebien un encàrrec, de vegades feien de consellers i confidents de persones que afrontaven situacions de conflictes sentimentals o econòmics i no sabien com respondre o correspondre als mateixos. Però també hi havia memorialistes que queien en l'abjecció; un d'aquests, un dia, va rebre la visita d'un home que li digué que havia d'enviar per carta a Berga un bitllet de cent pessetes amb una nota. El memorialista redactà la nota, va posar el bitllet a dins i va tancar el sobre. El client li dictà l'adreça del destinatari, va pagar i se'n anar a l'estanc perquè li posessin el segell; pel que sigui, però, l'home demanà a l'estanquer que li llegís en veu alta l'adreça de la carta, i resultà que aquesta no era la del destinatari que ell havia expressat sinó la del mateix memorialista (LP., 28.11.1883).

De les bombes de la Boqueria a la Primera Guerra Mundial

Tampoc la Boqueria s'escapà de l'acció del terror de les bombes que durant uns anys assolaren la nostra ciutat. Sense que ho haguem pogut corroborar, diversos autors[73] expliquen que el dia 2 de març de 1892 una bomba esclatà a la Boqueria; els estralls provocaren cinc ferits. S'investigà i foren trobats tres explosius més.

El diumenge 4 de setembre de 1904, uns anys més tard, fou trobada una bomba a l'urinari públic situat a la Rambla de les Flors. La bomba, com un trofeu conquerit, fou portada per un guàrdia a braços al *cuartelillo* del districte, situat a la placeta de sant Felip Neri, al costat del convent; després, com si es tractés d'un tràmit en curs, fou duta al Palau de Justícia, se la deixà descansar en una sala fins que esclatà sense fer mal a ningú.

Al carrer de la Petxina, lateral de la Boqueria, el 3 de setembre de 1905, diumenge, morien dues floristes germanes, Rosa i Pepeta Rafà, per una gran explosió; moltes altres persones resultaren ferides; aquesta vegada la commoció fou gran. Començà a estendre's la por i el mercat se'n ressentí perquè la gent entenia que els llocs de més perill eren aquells on més públic hi havia; resultava clar que era millor comprar a les botigues i petits comerços. Les bombes seguien per tota Barcelona, nosaltres remarquem la del carrer Hospital, la del Pla de la Boqueria, una altra al mateix urinari que ja hem esmentat i dues més a la Rambla de Flors.

El dia 15 de març de 1908, diumenge, a la una del migdia, una bomba esclatà al dessota del taulell de marbre de despatxar vedella en una parada de carn de la Boqueria, exactament al *puesto* número 11, una de les parades renovades que havien substituït els taulells de fusta per lloses de marbre. Aquestes saltaren com metralla i una dona que estava netejant el taulell, Vicenta López,

73 Destaquem *La Barcelona de la dinamita, el plomo y el petróleo, 1884-1909*. Grupo de Afinidad Quico Rivas. 2009.

vídua, coneguda com l'*abuelica*, caigué agonitzant. L'*abuelica*, era venedora ambulant i quan al migdia acabava la seva venda se'n anava a la Boqueria a netejar alguna parada per tal de completar els seus magres ingressos. En aquella parada l'atrapà l'explosió; fou portada de seguida al proper Hospital de la Santa Creu on li amputaren una cama. La Vicenta morí el vespre d'aquell diumenge. A més resultaren amb ferides greus cinc persones més, quatre de les quals eren també venedores ambulants i tres d'elles semblantment vídues, condicions que ja ens donen pistes sobre el perfil social de bona part d'aquelles venedores, sempre assetjades per la policia municipal.

L'alarma entrà profundament en els esperits de tot el mercat perquè el tema de les bombes a Barcelona feia anys que durava i cada vegada hi havia més dubtes de la seva autoria. Recordem que Joan Rull quatre anys abans n'havia fet esclatar una ben a prop, a l'urinari que hi havia a la Rambla de les Flors. Rull, al marge de les seves conviccions havia estat alineat amb el moviment obrer barceloní; captat com a confident de la policia, calculà que guanyaria més diners posant ell mateix bombes i atribuint-ne l'autoria a altres persones. El 1908, descobert el seu sinistre paper, fou processat i executat a la nova Presó Model de Barcelona. Però la policia durant aquells anys havia treballat en la direcció que Rull els havia anat assenyalant i havia fet detencions de molts innocents que ho van pagar molt car.

A Barcelona es vivia un ambient enrarit; una desconfiança creixent que arribava sovint a l'odi vers l'estament eclesiàstic i el militar: el primer, per les seves prerrogatives de viure al marge dels problemes socials i també amb l'aprofitament d'aquests; i el segon perquè la pèrdua de les darreres colònies havia costat un mar de sang per a tants xicots obligats a pagar els fracassos i capricis del braç armat. Llegim entre línies, perquè la censura era estricte, un petit fet que acabà a la Boqueria:

> A las nueve y minutos de la mañana, cuando atravesaba la Rambla de las Flores, un piquete de infantería del cuartel del Buensuceso, que salía de oir misa en la iglesia de San Agustín, varios transeuntes silbaron, oyéndose algunas manifestaciones de desagrado. Entre el público que presenciaba el desfile de la tropa hubo quien protestó a tales gritos é inmediatamente se agredieron algunos a bastonazos, originando este incidente carreras y sustos. Los sustos y desmayos fueron curados en el mercado de San José, por ser aquella la hora en que es grande el número de mujeres que se hallaban verificando la compra en el mercado. (LP., 27.11.1905)

* * *

El clergue il·lustrat Joseph Tonwnsend que havia resseguit Espanya deixant les seves impressions ressenyades en el llibre *Viaje por España en la época de Carlos III (1786-1787)*, afirmava que ell, la ciutat de Barcelona «l'escolliria com a lloc de retiro». Més tard Christian Andersen visità la ciutat l'any 1862 qualificant-la de ciutat bellíssima; quedà enamorat del caràcter de la seva gent; explicava que els cafès de la Rambla eren comparables als de París. I el lingüista francès Albert Dauzat, acabada la Setmana Tràgica visità el nostre país, deixant escrit que «Barcelona hauria de ser la capital d'Espanya, ja que representa el pervenir» Com era possible que una ciutat anomenada pels poetes la *gran encisera*, fos capàs de viure sota aquella barbaritat de les bombes? Per què?

Sabem que de manera paradoxal, i malgrat l'estat de devastació en que restà Barcelona després de la desfeta davant de Felip V, el creixement econòmic fou incessant i a un ritme ben sostingut. Foren molts anys de bonança a l'agricultura catalana; la major part dels camperols tenien les terres de lloguer, amb censos emfitèutics, és a dir, propers a la perpetuïtat i amb un lloguer fixe cada vegada més econòmic degut a l'encariment de la vida; la població augmentà més del 20% durant el segle XVIII. El suro, el paper, l'aiguardent i el comerç amb Amèrica prepararen el país vers la seva primera industrialització. Grans propietaris camperols passaren a invertir en tallers i fàbriques, arrossegant gent desenfeinada i sense ofici. La fam d'amortitzar de pressa les inversions, de fer diners i pertànyer a la nova classe social de la naixent burgesia no tingué límits. Afegim-hi les convulsions polítiques del segle XIX, amb una monarquia tant inepte com corrupte, uns partits amb aliança o sota les amenaces de l'estament militar i l'església, portaren a una permanent crisi social; legions de gent aturada es concentrava als nous centres industrials amb una caiguda dels salaris que omplia les ciutats de misèria. La desesperació d'alguns portà a creure que no hi hauria altra sortida que l'acció directa, és a dir, dur a terme l'ideari de la violència extrema com a França ho feia Ravachol, a Itàlia ho pregonava Malatesta i a Barcelona González Morago, Paulí Pallàs i d'altres.

* * *

Recordem que al 1913 i per normativa oficial, la setmana de treball al ram del tèxtil a Barcelona, un dels més nombrosos, era de 66 hores, 6 més que a França, 8 més que a Alemanya i 9,5 més que a Anglaterra. Això de manera oficial, ja que era ben normal fer-ne algunes més sense augment significatiu de la retribució.

Parades després de l'explosió d'una bomba el març de 1908

Com seixanta anys abans amb la guerra de Crimea, la Gran Guerra Europea de 1914 va destruir mitja Europa; curiosament això fou una sort per als fabricants del nostre país pel fet d'haver-se mantingut neutral; Espanya es convertí en subministradora d'aliments i béns de moltes menes als dos bàndols, germanòfils i aliats. Tots dos pagaven el que fos per aconseguir el que més necessitaven. Els beneficis a nivell nacional foren tan grans en aquest període que l'Estat va poder pagar el seu gran deute extern.

Barcelona es convertí en un niu de refugiats i exiliats, aventurers, espies, desertors, agents compradors... són freqüents els anuncis d'estrangers que acaben d'arribar a la ciutat demanant rebre classes particulars d'espanyol o que s'ofereixen per ensenyar idiomes, sobretot alemany; també apareixen inversors que busquen instal·lar negocis o aportar capital a indústries ja existents.

Els industrials multiplicaven els beneficis. Hotels i fondes no podien encabir ningú més. Però la miopia i els egoismes en mig d'aquella abundor i fàcil riquesa portaren a no fer res per repensar el mapa social, frenar i millorar les desigualtats; això aviat es pagaria molt car amb una resposta violenta a tanta crueltat estructurada. A finals de 1917, s'arribà a la culminació del procés: si bé els salaris havien augmentat un 10%, el cost dels béns bàsics ho havien fet el 18%; la carn de vedella arribà a apujar-se un 25%, culpant els venedors dels mercats als subministradors, i aquests als detallistes del creixement dels preus. Aleshores els matadors i majoristes amenaçaren els minoristes de deixar-los sense carn, i això ho dugueren a terme; llavors l'Ajuntament intervengué fixant els preus a uns i altres. Però la carn s'apujà, i molt. Les autoritats municipals crearen *Juntas de Subsistencias*, entitats que tenien facultat de fixar els preus dels principals aliments i controlar-los.

Els pagesos del Pla del Llobregat es sentiren perjudicats, dient que es donava prioritat a les fruites i verdures que arribaven en tren procedents d'altres indrets llunyans; deien que els seus productes havien de pagar uns arbitris molt superiors i decidiren fer-se escoltar tallant l'abastiment a la Boqueria i altres mercats. També el bacallà rebé sovint la visita de les *Juntas de Subsistencias*.

Però *Juntas*, Ajuntament, Govern Civil i Govern Central eren impotents; perquè en arribar al 1917 el preu del blat havia pujat un 72%, el de les patates un 50% i el del pa un 80%. Les immenses quantitats de diners que arribaven no repercutien en allò que era del comú i acabà esclatant la vaga general de 1917, que en bona part fracassà per les divisions internes dels convocants. La duresa del enfrontaments queda manifesta amb el resultat de 70 morts i 2.000 detinguts.

I saltaren les dones –milers– al carrer: *La dona ha abandonat ja la cuina perquè no hi ha res per cuinar, i es llencen al carrer. I ara preguntem als homes: ¿com us ho fareu ara per retornar-les als fogons?* diu en un míting Maria Marín. El govern instà les *Juntas de Subsistencias* a fer vendre el carbó al preu acordat, no al 33% més alt de com es venia. Fartes de tantes mentides i promeses, les dones assaltaven els carros de carbó que sortien del port, els bolcaven, repartien les càrregues i feien tancar tallers i fàbriques. També els mercats contemplaren les visites d'aquells grups:

> A las ocho y media entró un grupo en el mercado de la Boquería con igual pretensión. Algunos vendedores no se avinieron á que se les arrebatara las mercancías y fueron arrojadas por el suelo. Intervinieron los empleados y se retiró el grupo, no quedando apenas vendedores.
>
> En el mercado de Sans, los vendedores no se presentaron ante el temor de ser víctimas de atropellos (...)[74]

74 *La Correspondencia de España. Diario universal de noticias.*– Fou el primer diari empresarial espanyol, sense cap tendència explícita social ni política, encara que es manifestà contrari a la guerra del Marroc. Sortí entre 1860 i 1925. Durant alguns anys va ser el diari de més tiratge del país. Apareixia al matí i al vespre.

Deu dies després, l'agitació continuava,

> Suscitáronse conflictos en el mercado de San José. Los puestos de pesca salada establecidos en nuestro primer centro de abastos fueron casi asaltados por el público, que no cejó hasta adquirir la mercancía al precio oficial. Con escasa diferencia repitióse la escena en diversos puntos, interviniendo en cada caso la fuerza pública. (LP., 28.1.1918)
>
> Algunos grupos de mujeres intentaron asaltar el mercado de San José, impidiéndolo la fuerza. Otros grupos de mujeres obligaron a cerrar, a primeras horas de la mañana, el mercado de San Antonio. Carros volcados: Igual que en los días anteriores, los carros que conducían carbón con destino a las carbonerías, eran seguidos (...) (LP., 17.1.1918)

La realitat s'imposà als que somniaven i desitjaven guerra i mort perpètua, a terres llunyanes, en benefici propi.

La Boqueria i els mercats en general també foren obsequiats amb la circulació creixent de diners, sovint malbaratats, per part de molts burgesos i d'aspirants a ser-ho en aquells anys de bel·licisme. L'hostaleria comprava a l'engròs d'allò millor i els paradistes, encantats, tendien a la puja en perjudici de la clientela ordinària. Hi hagué moltes protestes i les autoritats ordenaren el tancament temporal d'algunes parades. Però

> (...) después de todas estas negociaciones no sólo no se ha vendido hoy en los mercados carne de ternera, sino que se ha aumentado desvergonzadamente el precio de la de carnero y el de los despojos y menudillos, los cuales constituyen la alimentación de buena parte de la población obrera. (ED., 12 octubre 1915)

Un cronista anònim de l'època explicava que la vesprada de Nadal d'aquells anys de la Primera Guerra, les venedores de la Boqueria apareixien vestides com si haguessin d'anar al Liceu, amb les millors gales i dels seus cossos penjaven tota mena de joies, la major part de bijuteria barata, és clar. Les peixateres eren les que portaven a l'extrem aquella mostra d'alegria, en bona part interessada. Diu que entre aquelles en sobresortia una amb força anys a l'esquena, morena, ben plena i lletgeta; grossa, grassa i xata, era la personificació de la imatge d'Isabel II; entre les companyes del mercat era coneguda per la seves relacions amb homes que representaven els poders públics. Aquells dies, la dona, convidava a la seva parada un grup de regidors municipals a menjar les ostres més fresques i saboroses de totes les mars, acompanyades dels millors vins.

A l'entorn de l'espectacle s'anava remolinant gent diversa, hi havia els curiosos, els tafaners, els que intentaven afegir-se a la festa... Però també els captaires, aquells que com cada any passarien al carrer aquells dies de festa, les famílies pobres a qui no els arribarien ni les engrunes d'aquells senyors que ara menjaven, i de manera gratuïta! ostres.

Acabava dient, el nostre cronista, que *entre los vendedores y compradores de todas clases imperaban la mentalidad y el poder de la más generosa Jauja, y esto era reconfortante; nos daba una seguridad y un optimismo auténticos.*[75]

La concentració de riquesa en poques mans porta al creixement de la pobresa de molts; la ciutat atragué una onada de gent necessitada. Tradicionalment els mercats han sigut terrenys propicis per demanar i si això no surt bé, agafar, amb el risc que això té. Els robatoris es multiplicaren, especialistes, però sobre tot gent poc destre, s'afegiren a la legió dels que ja hi eren abans. Agafem un sol diari barceloní i en un sol dels mercats –la Boqueria– trobem detencions fetes durant l'any 1915; tinguem en compte que a cada detenció correspondrien diversos robatoris fets amb anterioritat i possiblement en la reincidència.

> Fue ayer detenido en el mercado de San José, cuando intentaba hurtar el monedero á una compradora, José Sancho Pere. (LV., 16.1.1915)
>
> Ayer fue conducida á la delegación del distrito del Hospital, Amparo Duran Rodríguez, de 26 años, la cual en el mercado de San José mataba el tiempo registrando los bolsillos de las compradoras. (LV., 27.2.1915)
>
> Fue ayer detenido en el mercado de San José, Pilar Campuzano Fernández, de 48 años, la cual se dedicaba á sustraer el dinero que llevaban en el bolsillo las compradoras. (LV., 30.4.1915)
>
> Por haber robado un trozo de gallina de un puesto del mercado de San José, fueron detenidos en el Arco de San Agustín, Rafael Lozano y Miguel Blas, de 15 y 18 años, respectivamente. (LP., 26.5.1915)
>
> Ayer fue detenida en el mercado de San José, María Muñoz Orellana, de once años, por haber sido sorprendida en el momento en que á una mujer le sustraía del bolsillo algunas monedas, y debía ser

---

75 *Destino*, 20 desembre 1952 Aquest setmanari fou fundat a Burgos per catalans fidels a Franco l'any 1937. A partir de 1939 la publicació passà a Barcelona, tenint per subtítol *Delegación de Prensa y Propaganda de la Jefatura Territorial de Cataluña de F.E. de las J.O.N.S.* De manera progressiva s'anà allunyant del règim per prendre una direcció liberal. Durant els darrers temps del franquisme arribà a ser multat i clausurat per les seves crítiques al mateix. Desaparegué l'any 1980.

> en ello reincidente, por cuanto al ser registrada se le hallaron 10'80 pesetas ocultas entre las medias y las alpargatas. (LV., 1.9. 1915)
>
> Fue ayer detenido Santiago Berna Royo, de treinta y cuatro años de edad, por haber sido sorprendido cuando intentaba robar un saco de patatas en el mercado de San José. (LV., 26.9.1915)
>
> En el mercado de San José fue ayer detenida Florencia Bojardo Herrero, de 60 años, por expender moneda falsa. Ocuparónsele algunas piezas de peseta y dos pesetas, y con ellas y el monedero que las contenía fue puesta á disposición del juzgado. (LV., 29.10.1915)
>
> Fue ayer detenida en el mercado de San José, Rosa Navarro, de 32 años, por haber sido sorprendida sustrayendo el dinero que llevaba en los bolsillos una compradora. (LV., 9.12.1915)

No obstant, sempre hi ha gent solidària; a l'època, aquest concepte la gent sovint el duia a terme en forma de «divertimento»; és el cas de la següent notícia que es repetia un parell de vegades l'any:

> TEATRO CÓMICO. Gran baile de máscaras, á las diez y media de la noche del jueves, día 4 de febrero de 1915, organizado por varias vendedores del Mercado de San José, á beneficio de los pobres del distrito Quinto [Raval] y Séptimo [Sants, Les Corts i Hostafrancs]. 8 PRECIOSOS REGALOS, 8 que se adjudicarán á las máscaras que por su originalidad, arte y elegancia en el vestir, sean merecedoras. (LV., 4.2.1915)

Això no treia que al mateix temps els comerciants posessin les coses on creien que era el seu lloc. Fixem-nos que en el següent cas el tomàquet agafat era al terra:

> Un comerciante de tomates llamado Salvador Boygas, en el mercado de San José al ver que el niño Francisco Morales, de 13 años, iba a coger uno de aquellos frutos, que se hallaba en el suelo, la emprendió contra él a puñetazos y patadas, ocasionándole contusiones en la cara y en el pecho, de las que tuvo que ser auxiliado en la Casa de Socorro de la calle de Barbará. (ED., 25.10.1914)

És propi dels humans conèixer i aprofundir la realitat de les coses; August Pi Sunyer era un metge fisiòleg savi, tenia un bon coneixement de la persona en la seva globalitat. Com tants, restà impressionat per la catàstrofe que suposà la Primera Gran Guerra i la fam creixent que s'estengué damunt del nostre país. De llenguatge clar i directa, qualificava de catastròfica la situació

> Y como yo pienso, y conmigo cuantos conocen por su mal las interioridades de la vida individual en nuestra patria, que las tres cuar-

tes partes de los españoles, por lo menos, se nutren de un modo insuficiente, se acuestan sin cenar, se comprende por qué decía yo -en frase cruda, lo confieso- que el 75 por 100 de los españoles muere de hambre; que el pan que comen cuatro millones de españoles se halla empapado en la sangre de los doce millones restantes».[76]

Un dia les venedores de la Boqueria s'aixecaren esverades; el dia abans s'havien ficat al llit amb la brama segons la qual anava a permetre's la venda directa de fruites i verdures per part de pageses que fins ara les venien als detallistes. Una representació s'entrevistà amb l'alcalde; les visitants li digueren que això provocaria un daltabaix en els propis negocis, que les pageses jugarien amb avantatge al no tenir intermediaris. Era el gener de 1919.

En realitat es tractava més d'una legalització o regularització d'una venda ja existent des de feia molts anys que d'obrir una nova via de negocis. S'habilità un nou espai per a les pageses, que és el nom de les paradistes situades a la plaça de Sant Galdric, darrera el Palau de la Virreina. Malauradament avui és un testimoni residual de la història de la presència rural al mercat, quan constatem que cent anys després, la major part de dies no arriben a deu les parades actives.

Ja hem dit que els mercats són un baròmetre de la vida social, i no només perquè és el lloc on es parla de tot el que passa i amoïna sinó perquè registren, com un sismògraf o un baròmetre les alteracions de la vida pública.

I ara ens referim al terrabastall que commogué Barcelona i bastant més enllà de les seves rodalies: la vaga de la Canadenca, la principal fàbrica d'electricitat. Es desfermà el febrer de 1919 i durà 44 dies; el motiu va ser l'acomiadament de vuit treballadors oficinistes de l'empresa; de seguida s'hi afegí la resta del personal. A més de deixar cases, fàbriques i tramvies sense electricitat, la vaga s'estengué a tots els rams. A penes hi havia gas i a la nit els carrers eren a les fosques; la companyia de gas, aprofitant la situació va aconseguir permís per apujar el preu del combustible sota l'amenaça de tancar la fàbrica productora.

I la Boqueria? Els pagesos del Prat i alguns de la costa deixaren d'abastir Barcelona, els productes escassejaren i els venedors aprofitaren per apujar els preus:

> (...) Donde la agitación tomó mayores proporciones fue en los mercados de San Antonio, Santa Catalina y San José. En los re-

76 Pi i Suñer, Augusto: *El hambre de los pueblos*, Conferència a l'Acadèmia de Medicina el 29 de gener de 1922

> feridos mercados el público intentó saquear varios puestos. La actitud del público produjo gran alarma entre los vendedores. Estos, precipitadamente, procuraron poner á salvo las mercancías.
>
> En el mercado de San José el escándalo que se produjo fue enorme.
>
> Unos muchachos corrieron todo el mercado gritando: "¡Ya llegan los amotinados!"
>
> Entre los vendedores se produjo por este motivo gran alarma y cerraron los puestos.
>
> El público se amotinó. La mayoría prorrumpió en improperios contra los vendedores. Se produjo una gritería ensordecedora. Por el suelo rodaron crecido número de cestas de hortalizas. Parte del público se apoderó de algunos artículos de los que estaban a la venta. Fuerzas de la guardia civil y de seguridad penetraron en el mercado y, con su intervención, se consiguió calmar los ánimos. Con motivo de todos estos sucesos, se produjo gran alarma en los alrededores del mercado de San José. También un numeroso grupo intentó penetrar violentamente en el Mercado Central de pescado, sito en el Borne. La policía lo impidió. (LP., 4.3.1919)

Una altra vegada eren dones les protagonistes; que el menjar i el plat fossin a taula era sagrat perquè hi anaven la salut i la vida. Gent bregada per mil lluites, a més de la de cada dia. Fartes de corrupció, ja no es deixaven enganyar més. A diferència dels venedors que veien en la competitivitat del negoci la font del seu benestar, elles es donaven compte que el seu èxit era la solidaritat.

Altra vegada el pa es convertí en un luxe per la manca de farina. Els forners anaren a visitar el governador civil, el qual els hi prometé que ordenaria immediatament el transport de farina des de Castella i el baix Aragó, a la vegada que s'ordenaren unes disposicions que legalitzaven algunes de les pràctiques que ja es practicaven des de feia anys, com afegir blat de moro i sègol a la farina de blat.

La pujada de preus i de la corrupció era tan incessant com la passivitat de l'Ajuntament; el governador civil, el funest general Martínez Anido, promotor de la llei de fugues, jugà a ser bo i ordenà que es portessin a terme, de manera simultània, inspeccions als mercats que les faria la mateixa policia i la guàrdia civil. La Boqueria fou el mercat estrella on es trobaren centenars de peses que no feien el pes que els corresponia: peses d'un quilogram, escassament arribaven als 950 grams. Quan després de les inspeccions de la guàrdia civil aquesta marxà, s'alçà un gran aldarull per part especialment dels carnissers i peixateres, els quals deien que les peses els havien estat subministrades per l'administració del mercat. Sols en aquest mercat foren denunciades al jutjat 59 parades com a executores de delicte d'estafa; el total de les peses trobades amb manca de pes a tots els mercats passava de 600.

Mentre tant, la Junta de Subsistències promulgà un edicte dirigit als magatzemistes de peix salat perquè fessin una declaració jurada on constés les quantitats d'existències que tenien guardades. A primera vista això era compromès i delicat perquè la Junta es reservava el dret de comprovar la veritat de la declaració; fixem-nos com els 16 magatzems de pesca salada més importants de Barcelona eren propietat dels sis principals majoristes de la ciutat; manifestaren que tenien aplegades 2.250 caixes o *cascos* de sardines, salades i premsades, que feien un total de nou milions i mig d'aquells peixets; 200.250 quilograms de bacallà sec; 22.880 quilograms de llobarro; 135.000 peces de verat i 760 quilograms de llengües. Naturalment, no ens podem estar de preguntar-nos la quantitat de peix que podia estar amagat en altres indrets, fora del propis magatzems declarats, perquè el negoci de l'acaparament era molt lucratiu: comprar quan els preus eren baixos per vendre quan els productes escassegessin. Enriquir-se, empobrint.

En aquest sentit entendrem l'afirmació de Proudhon quan afirmà: «La propietat és un robatori»

* * *

Durant el mateix any 1919, es produí un altra problema de grans dimensions. Els venedors de peix de la majoria dels mercats, per unes raons que no hem pogut aclarir amb evidències però que ens porten a pensar que foren per defensar els seus interessos, decidiren no comprar més peix a dos del principals subministradors de la ciutat; els paradistes, més endavant, hi afegiren a la llista uns quants majoristes més. Com a resposta, els boicotejats constituïren una poderosa entitat batejada amb el nom de *Sociedad Anónima de Consignatarios de Pescado*, i com a primera acció demanaren a l'Ajuntament permís per utilitzar les parades buides dels mercats per a vendre peix, i a bon preu. L'Ajuntament, incaut, o potser conxorxat amb els capgrossos, accedí, desfermant-se una lluita que, per exemple al mercat del Born, acabà amb armes de foc quan dos dels acaparadors, en veure com se'ls atansaven els paradistes, tragueren les pistoles i dispararen diversos trets. La policia s'endugué detinguts els dos autors, nomenats *señores* Xampeny y Maturano, acusats de ser els autors dels trets. Curiosament, la premsa tractava de *señores*, als acaparadors, mai no ho feia ni amb els titulars de les parades ni amb el públic.

El 1921, el Born deixà de ser mercat de barri per passar a ser el Mercat Central de fruites i verdures. En endavant les corrues de carros –i algun camió– que s'havien adreçat cap els diversos mercats per descarregar-hi els seus gèneres, ho farien enfilant-se cap el Born. Anys a venir, quan el 1971 es va inaugurar Mercabarna a la Zona Franca, el Born va tancar, deixant enrere el paper mercantil d'haver nodrit durant noranta-cinc anys la major part de la ciutat.

Aquesta decisió fou molt discutida i criticada en aquells moments i després durant anys perquè suposà la supressió de la venda directa de pagesos als venedors i la creació d'intermediaris majoristes amb la pujada de preus en benefici dels nous assentadors del Born: pensem en molts dels nous llocs de treball que avui es creen, en realitat falsos nous llocs com són serveis a domicili, paqueteria, aplicacions que moltes afavoreixen la disminució d'esforç, encariment, augment de la taxa de beneficis del capital i precarització, encara més, del treball assalariat.

I per fer-nos càrrec com i de quina manera la Boqueria era un espai en el qual hi havia dimensions que anaven més enllà de l'alimentació i els diners, heus aquí una tràgica notícia:

> **Los crímenes pasionales.** Barcelona.–Enriqueta Badía, de treinta años, soltera, cuestionó con su novio, Luis Pérez, de veinticuatro años, soltero, pintor, por cuestión de celos, en el mercado de la Boquería, donde Pérez estaba pintando un puesto. Enriqueta, en el paroxismo del furor, le dio una puñalada en el pecho, matándole. Después intentó suicidarse, produciéndose una herida grave. Ha confesado que llevaba intención de matarle, y que horas antes había comprado un cuchillo. (LCE., 12.6.1920)

I encara:

> **Intento de atentado.** Ha sido denunciado al juzgado Antonio Cristiá, dependiente de la barraca número 64 del mercado de San José, por haber propuesto a un individuo que atentara contra Pascual Verat, vendedor de dicho mercado. (LP., 17.2.1921)

* * *

No sabríem dir si el que més imperava a les administracions de la Boqueria era deixadesa o corrupció. Al solar de la Gardunya, darrera la Boqueria, hi havia més de 200 venedors que eren considerats ambulants però que pagaven una petita quantitat al mercat per poder vendre; alguns feia 35 anys que hi eren i mai no havien estat reconeguts com a permanents, i estaven a sol i serena, sense cap tendal, taulell, ni protecció. No quedava clar el destí de la seva contribució econòmica. Cada any, molts d'ells, presentaven la petició de tenir un lloc reconegut, amb els mateixos drets que tenien els altres paradistes. Aquells o aquelles venedores moltes vegades eren empeses o atropellades per la multitud de carros que passaven amb les seves mercaderies; no tenien cap vigilància i els majoristes i detallistes sentien i expressaven, envers ells, menyspreu.

Després de moltes campanyes, a finals de setembre de 1921, a proposta de la *Comisión de Abastos*, la Comissió municipal legalitzà –això sí, mitjançant el pagament de 50 pessetes pels drets– els vells aspirants a pertànyer al gremi dels venedors de la Boqueria. (ED., 24.8. i 1.10.1921)

A la Boqueria, la vida seguia manifestant-se; el creixement de la vida d'uns representava la davallada d'altres. Des dels taulells s'enginyava tota mena d'astúcies i trapelleries per treure el màxim de guanys a canvi i cost dels compradors. Hem vist els majoristes, els venedors amb parada, els venedors legals que pagaven una quota per poder vendre en un punt assignat i els venedors il·legals que no pagaven res a canvi d'una persecució incessant.

Un dia hi hagué una gran cridòria, s'havia preparat, a demanda dels venedors i venedores amb parada, una batuda policial contra els nens i nenes que, com un formiguer, recorrien l'entorn del mercat venent verdures i hortalisses sense el permís municipal adient. Com si es tractés de la caça de gossos sense amo per part de la gossera municipal, foren apressades catorze criatures i portades a la Comissaria municipal de Pobres. Un dels nens de deu anys i habitant en una barraca de Montjuïc tingué una crisi de pànic tan gran que hagué de ser dut a un dispensari (ED., 8.8.1926). Aquesta era part de la competència 'deslleial', la que arruïnava tants negocis i, sobretot, tan mala imatge deixava gravada en la ment i el cor dels benestants i dels visitants. Que lluny érem i som encara de distingir caritat, altruisme, filantropia, de justícia!

Barcelona entrava en una torbonada social que duraria molts anys. La vaga de la Canadenca de 1919 havia aconseguit la jornada de les vuit hores; diguem que se l'havia arrancat a la patronal, que es sentia impotent per redreçar els seus negocis. Però els amos ja havien pactat amb el governador la creació d'un sindicat nomenat lliure que es dedicaria a executar, on fos i com fos, els obrers més significatius: Francesc Layret, Salvador Seguí,

Francesc Comas, Pau Sabater..., arribant a ser 250 els treballadors assassinats pels carrers. La CNT passà a defensar-se amb l'acció directa, matant matons a sou i membres de la patronal. El 1923 Primo de Rivera donà un cop d'estat i instaurà la dictadura. I aquesta com totes, il·legalitzà tot allò que era pertorbador per els seus interessos.

A partir d'aquell moment la premsa canvia de color; a la Boqueria *tot anava bé*: s'acabà la corrupció, pocs robatoris, entesa entre paradistes i direcció, cap frau a les balances i bàscules, ja no hi havia acaparadors...

Barcelona de 1920 a 1936

Barcelona l'any 1920 tenia 705.000 habitants; per subministrar els aliments a aquesta població hi havia dinou punts (entenem mercats o grans centres) que aplegaven 7.200 taulells o parades de venta, dels que 600 eren de peix fresc; tot plegat, això a la caixa municipal li representava un ingrés de dos milions de pessetes anuals.

Una altra vegada trobem queixes que expressen una suposada decadència dels mercats. Les crítiques recauen a l'Ajuntament per autoritzar l'obertura de multitud de botigues d'alimentació de totes les menes i per tots els barris. Ressaltaven de manera especial la munió de peixateries que en poc temps havien aconseguit llicència per treballar.

La Boqueria era l'espai que més patia; estava sobredimensionada per la modernitat dels nous espais de venta que s'havien obert; recordem que pocs anys abans el mercat tenia més de 1.500 parades entre tots els productes; malgrat tenir una estructura material senzilla, una higiene més que deficient i unes condicions de treball precàries com eren la poca il·luminació durant força hores, manca de paviment, goteres als taulats, robatoris incessants..., la major part dels negocis marxaven. Ara les coses estaven canviant. Tampoc anava gens bé l'antic solar del convent de Jerusalem, –avui plaça de la Gardunya, on per un preu inferior al del mercat la gent havia instal·lat una senzilla parada, moltes vegades sense taula; després havia de pagar les mensualitats, però en aquells moments pocs aconseguien resistir, i al cap d'una breu temporada, abandonaven el lloc.

Abans d'arribar al decenni dels anys 20, el moviment econòmic havia estat incessant; ja hem vist com el mercat nodria la major part dels hotels i restaurants; i sobre tot, a penes hi havia botigues als barris, llevat de vaqueries, forns, magatzems de cereals i productes colonials. Ho explica molt bé el següent comentari:

> Son muchos los pobres desconocedores del estado de la Boquería que se engañan con lo limitado del alquiler y lo reducido del tipo de subasta y adquieren un puesto en aquel trozo. Una vez satisfechos los gastos de adquisición se ponen a vender y a los pocos días tienen que dejar el puesto que han adquirido por no vender nada, absolutamente nada, perdiendo con ello el poco dinero de que disponían. (ED., 20.8.1926)

A més, les despeses dels venedors s'havien anat incrementant cada any; en primer lloc calia amortitzar el que s'havia pagat a la subhasta per aconseguir la parada. Els paradistes de carns i peix havien de pagar un cànon per poder fer ús de les càmeres frigorífiques que a la Boqueria, per estranys interessos que ningú entenia però tothom sospitava, eren privades i per cert molt cares; tan sols direm que en deu anys el lloguer d'un *nínxol*, com en deien per les seves petites dimensions, havia passat de costar 30 pessetes mensuals a 40, dos anys després a 50 i en aquell moment estava anunciada la puja a 70 pessetes. Tots els paradistes durant anys reivindicaren la construcció de càmeres frigorífiques públiques a la Boqueria com ja les tenia la major part dels mercats, però com hem dit, els interessos anaven per un altre costat, i això tant és així, que el propietari de les càmeres privades del mercat era el mateix que el municipi havia escollit perquè construís les que havien de ser les municipals; l'home, durant molts anys es disculpà dient que no donava l'abast i que l'any vinent seria el definitiu.

El que s'estava duent a terme era un procés de liberalització de l'economia de mercat amb el dogmàtic enunciat que pregona que els mercats, com més lliures, més bé es regulen ells mateixos. El promotor i impulsor era Miquel Vidal Guardiola, cap de les finances de l'Ajuntament, col·laborador de Francesc Cambó i més tard membre de la Lliga Catalana. Començaven a entrar al consistori mentalitats il·lustrades de l'economia liberal; i això que érem a les vigílies del Crac del 1929 que tant va fer trontollar el món: el mercat mundial del capital, en comptes de regular-se per si mateix, va provocar una de les catàstrofes del segle XX.

Naturalment, qui més havia de pagar les culpes eren els de més avall, els venedors ambulants. Una altra vegada, la demagògia carregà contra ells. Així ho enfocava *El Diluvio*, el moderat portaveu republicà. Ens fa

L'Antonet del violí

l'efecte que la dictadura d'aquells anys va afectar, a la baixa, l'orientació reivindicativa i progressista del diari:

> De unos años acá ésta crece [la venta ambulante] en proporciones verdaderamente escandalosas, muy particularmente alrededor y aun dentro de los mismos mercados públicos. Y esto no se puede dejar pasar sin la debida protesta. (...) Ella es un fermento de inmoralidad. Cría la holgazanería y hace que la alcahuetería tome nuevas formas.
>
> Hay vendedoras ambulantes viejas y enfermizas que la miseria las lleva a ganarse un pedazo de pan de este modo. (...) Estas mujeres que venden por dentro de los mercados, además de atropellar al público con palabrería soez y con empujones violentos cuando se las persigue, hanse creído de tal manera ser libres de acción, que cuando un dependiente del mercado trata de llevarlas –cual es su obligación– a la Dirección del mercado, se resisten y alborotan de tal manera que continuamente dan lugar a escándalos depresivos y de tal naturaleza que resultan en desdoro del orden, del propio mercado y de la autoridad municipal. (ED., 8.10.1924)

A l'octubre de 1925 els diaris comunicaven amb un cert relleu que el tinent alcalde de proveïments havia multat un pollataire del mercat perquè tenia pollastres a la venda quan de fet sols tenia llicència per vendre gallines. Els pollastres li foren confiscats. I un altre diari explicava que a una venedora se li havien confiscat tripes de carner amb el pretext que sols podia despatxar menuts de vedella. També sorprenia que de cop i volta fos notícia el maltracte o persecució dels gats a mercats com Santa Caterina o la Boqueria, en una societat on a les escoles es pegava les criatures a tort i dret, a la vegada que per atiar les cavallaries que arrossegaven els carros aquestes eren fuetejades o rebien una pluja de bastonades. Durant aquells anys de la dictadura primoriverista hem trobat la imposició de multes sols als caçadors de gats; res del maltracte a la resta de mamífers; inclús els directors d'aquells mercats tingueren entrevistes amb els responsables de la Societat Protectora d'animals. Mai amb sindicalistes o públic reivindicatiu.

A finals dels anys 20, potser com un sondeig, començà a córrer la veu que deia que es preparava el trasllat del mercat de la Boqueria i que se n'aixecaria un altre de nova planta, modern, amb càmeres frigorífiques subterrànies i un gran espai adjunt per a la descàrrega de les mercaderies. El nou emplaçament seria a les rodalies de l'església de Sant Pau del Camp. Sembla que aquestes notícies tenien més interès especulatiu, en l'accepció econòmica, que urbanístic. (ED., 5.7.1929)

* * *

Acabada la dictadura de Primo de Rivera, començaren a renéixer les esperances d'una apertura d'expressió i de maneres de treballar; els venedors ambulants, sector important pel seu nombre i per l'abaratiment que suposava de l'alimentació en un barri com el Raval, així ho cregué. Però erraven, perquè tant o més que abans, foren assetjats. I un dia de juny de 1930 es presentaren al mercat del peix, on de matinada compraven el seu producte provocant un fort aldarull a la vegada que impedien que 655 caixes de peix sortissin cap els mercats, deixant aquell dia a Barcelona sense peix; els comissionistes també s'hi afegiren i tots plegats anaren a l'Ajuntament en manifestació. L'Alcalde els explicà, naturalment, que això no era cosa seva, que venia de Sanitat des de Madrid, i que miraria d'arreglar-ho, però avisant-los que ja no es donarien més llicències de venda de peix. (LV., 26.6.1930)

L'escletxa oberta en el trànsit de les dictadures de Primo al de Berenguer i d'aquest a la República, fou suficient perquè es prefiguressin accions que aviat prendrien dimensions colossals; alguns d'aquests fets eren silenciats a Barcelona i coneguts a les províncies. El novembre de 1930 la ciutat va viure grans vagues defensant la vida i l'associacionisme; els bombers hagueren d'afrontar un enorme incendi –probablement provocat pels portuaris que estaven en vaga– als magatzems de carbó del port. Els vaguistes s'interposaren entre les muntanyes de carbó i els bombers perquè aquests no poguessin apagar el foc; l'arribada de la Guàrdia Civil que a trets dispersà la resistència humana posà fi a aquell episodi. Unes hores després una multitud de vaguistes inundà la Boqueria, arrasant els taulells i les taules de venda; també la Guàrdia Civil entrà disparant a tort i a dret.[77]

El Raval patia gana. Però entre els qui no en passaven no tots ho veien de la mateixa manera, i per apaivagar el problema hi havia diferents formes d'encarar-ho:

> La Comisión organizadora de las carrozas de la cabalgata del mercado de San José, de acuerdo con la dirección del mismo ha destinado el importe de los premios obtenidos para repartir 1.500 bonos de un kilo de pan de primera calidad y otros 1.500 de medio kilo de arroz selecto entre personas menesterosas y con preferencia del distrito quinto. El reparto se efectuará en el propio mercado de San José el domingo, de once a una de la mañana, en el departamento denominado Garduña. (ED., 25.6.1930)

Dijous, 30 d'abril de 1931, quinze dies després de proclamar-se la Segona República espanyola i essent la vigília de l'1 de maig, grups d'aturats es trobaven, com cada dia, a la Plaça de Sant Jaume. Potser per ser vigília d'un dia tan històric com esperançador, potser perquè la fam exigia un tros d'allò que a la naturalesa li pertanyia, aquell dia hi havia més tensió. Un assistent, enfilat dalt d'un fanal davant la Generalitat explicà als altres que de menjar n'hi havia de sobres; assenyalà el problema dels acaparadors i dels que morien farts de menjar massa, i que no permetrien que amb l'arribada de la república les coses seguissin igual. Després pujà un altre i un altre, cada vegada amb un reclam més gran; les vaques, els cavalls i els ocells menjaven, sols a ells els era vetat el mitjà de poder-se alimentar com era el treball. Doncs bé, com els animals que cerquen els aliments allà on n'hi ha, així ho farien ells. Aquell home invità la resta a seguir-lo cap a la Boqueria, allà on hi havia queviures i amb abundor; instà a no destruir res i agafar només allò que fos necessari per a cadascú i la seva família.

A un quart de dues el centenar d'aturats emprengué la marxa cap el mercat seguida de molts tafaners; això va fer que la marxa s'assemblés a

---

77 *El Heraldo de Madrid*, 18 novembre 1930.– Aquest diari de la tarda aparegué entre 1890 i 1939; durant anys fou el portaveu del Partido Liberal, mantenint la seva vessant demòcrata i anticlerical. Durant la II República fou defensor dels partits republicans de caire socialista. El 1934 fou clausurat. I el 1939 diversos redactors foren condemnats a mort.

una manifestació notable. Arribats a la Rambla es dividiren en grups, entrant per dos accessos diferents; sense preàmbuls ni discussions començà la feina d'abordar les parades properes a les sortides agafant allò que més tenien a mà: llonganisses, fuets, bacallà, cigrons, arròs, pomes i taronges, pots de llet condensada, pernil en dols i salat, olives, panses, diverses conserves... Davant els clams i protestes dels paradistes deien que ells *també tenien dret a la vida*. La cridòria al mercat fou com l'avís de l'arribada d'un bombardeig o com si s'hagués calat foc a la Boqueria.

A aquella hora hi havia pocs vigilants al mercat però la policia ja havia estat alertada per telèfon i l'arribada d'aquesta coincidí amb la sortida dels reivindicadors pràctics; deu d'ells, amb les mercaderies a la vista que de lluny els delatava, foren detinguts. Al dia següent, el diari *La Vanguardia* deia que a l'atestat de la policia figurava que *Albino López, que es muy conocido por su actuación comunista, era el que capitaneaba el grupo que asaltó el mercado.*

A l'endemà els afectats per l'acció dels aturats anaren a trobar-se amb el nou governador civil, Lluís Companys, qui es comprometé a prendre les mesures adients perquè no es repetissin aquesta mena d'accions:

> (...) reprimiré con la energía necesaria esos desmanes. Lo ocurrido no tiene importancia más que por su significado y por la alarma que pueda causar; pero, repito que lo reprimiré sea como sea.
>
> No se han producido incidentes en los momentos en que se carecía de libertades, y se promueven ahora, en momentos de libertad y democracia. (LV., 1.5.1931)

Una declaració que assenyalava el contingut aigualit, indecís i en part reaccionari de la nova república; els propers anys confirmarien que aquells homes capdavanters no serien capaços –ni ho voldrien ser per no afectar els interessos de la majoria al poder– de dur a terme una profunda reforma agrícola en una agricultura de cacics, ni de tallar el pas a una església aliada amb tot aquell qui tingués diners i poder, ni escoltar la immensa majoria de treballadors que parlaven de tenir el mateix protagonisme que els poderosos en l'afer del país, després de segles d'opressió i misèria. I menys encara volien posar fi i acabar amb els comandaments reaccionaris d'un exèrcit que tothom sabia que conspiraria fins a no quedar plenament satisfet.

L'assalt a la Boqueria portà més repercussions de les previsibles al ser tractat el discutit robatori com un delicte molt greu. Res en la legalitat no havia canviat i per tant l'afer seria tractat amb el màxim de rigor. De res li va servir a la defensa la manifestació dels acusats els quals deien que havia sigut un acte de supervivència, que eren homes caps de família sense feina malgrat la buscaven i que no tenien cap ingrés. Alguns estigueren més de dos anys a la presó; però a dos dels acusats, Francisco San Miguel i Emilio Maza, quan en portaven quatre i mig, foren jutjats i absolts. No es pogué demostrar ni tan sols que haguessin participat. Res de més sagrat que la propietat privada. I sempre la por, la por que fets com aquell es tornessin a repetir, perquè això sí que posava en perill el sistema d'acumulació de bens superflus. (ED., 6.12.1935)

Estem d'acord en que és una llegenda increïble aquella frase de que *la justícia és igual per a tothom*. És el mateix tenir un advocat d'ofici que un equip dels millors juristes, que fa que el tribunal s'ho miri molt bé i fili molt prim? Bé, dos anys i mig després de l'assalt a la Boqueria per part d'aquell grup d'aturats que havia sortit de la plaça de Sant Jaume, a petició de la defensa, un tribunal decidí deixar en llibertat provisional tres dels detinguts *por creérseles complicados en el asalto del mercado de la Boquería*. Què passaria, doncs, amb aquells acusats sobre els quals hi havia la certesa de ser ells qui s'havien endut algun aliment que els era necessari? (LV., 8.12.1933)

Poc es podia pensar en Companys que mig any després d'aquell judici i cinc anys després d'aquells fets, el 20 de juliol del 36, sent líder d'Esquerra Republicana i president de la Generalitat, es trobaria amb alguns d'aquells homes, *delinqüents*, junt amb altres dirigents anarquistes, al Palau de la Generalitat i com a president els hi oferiria el poder del govern català: «–*Avui sou els amos de la ciutat i de Catalunya, perquè sols vosaltres heu vençut els militars feixistes [...] Però la veritat és que, sempre heu estat perseguits durament i jo, amb molt de dolor, però forçat per les realitats polítiques, encara que abans vaig estar amb vosaltres, després m'he vist obligat a enfrontar-me i perseguir-vos. No puc, doncs, sabent com i qui sou, emprar llenguatge que no sigui de gran sinceritat. Heu vençut i tot està en el vostre poder. Si no em necessiteu i no em voleu com a President de Catalunya, digueu-m'ho ara...*»[78]

El següent text d'un diari presentava de manera enverinada i demagògica, la centralitat del problema: l'existència de classes socials antagòniques, i de passada amb un toc al tema nacionalista:

78 Abel Paz: *19 de juliol del "36" a Barcelona.* Editorial Hacer, Barcelona, 1988

> Aquests mateixos "sin trabajo" són els que han anat al Ritz i al Colom, a berenar o a sopar. Són els mateixos que han anat un dia sí i un altre també a fer requisa a les parades de la Boqueria o a diversos establiments de la ciutat. I això no hi ha cap obrer, cap veritable obrer sense feina i menys encara si és català, que sigui capaç de ferho. A la Generalitat ens van assegurar dies enrere, que una empresa d'obres demanà setenta obrers. Fou comunicat als "sin trabajo"... i se'n van presentar tres. D'obrers sense feina, innegablement, n'hi ha un nombre important a la nostra ciutat. Difícilment però, en trobareu cap entre aquest grup ambulant que passeja la misèria pels carrers de Barcelona i que es presenta als restaurants de mes luxe a fer consumició. (LP., 10.7.1931)

Es fa difícil al nostre imaginari entendre l'agitació social que vivia Barcelona en aquells anys; els anarquistes i grups radicals tenien clara la convicció de com les paraules, reunions i pactes no portaven enlloc. L'últim diumenge de setembre de 1931, grups de treballadors distribuïren octavetes a la Boqueria; portaven un parell de pancartes en les quals exigien l'alliberament immediat dels presos. Molta gent donava la raó i prenia actituds de suport amb els manifestants. La policia dissolgué els grups considerant que l'enrenou s'estava convertint en un fort acte polític crític amb la República. A la tarda es tornaren a repetir els fets; aquesta vegada la guàrdia d'assalt fou més dura. Apallissà, imposà multes i detingué l'home que portava una bandera. (ED., 29.9.1931)

Progressivament i davant tantes crítiques vingudes de les dretes i les esquerres, els òrgans republicans estengueren punts d'ajuda per a la gent més desvalguda; els aturats, que per altra banda ja s'havia demostrat que eren un perill per a la mateixa República, rebien uns tiquets per menjar en estances municipals. Com sigui que el menjar era *infecte i vomitiu,* segons les seves paraules, prepararen una nombrosa incursió per agafar menjar sa un dia d'abril de 1932. Era un any després de la incursió que hem narrat abans. Però la notícia arribà a la policia, i aquesta mantingué el mercat encerclat durant dies.

Els conflictes socials no van separats dels drames personals; de vegades els primers són la suma dels individuals; altres, també els primers, desencadenen tragèdies en les persones. Al setembre de 1932 una dona de 63 anys, anònima, decidí posar el punt final a la suma de més anys, sortí i deixà enrere la seva vida en ple mercat fent-se profunds talls al coll amb un ganivet de cuina. (ED., 2.9.1932)

Passats dos anys, una cansaladeria de la Boqueria tenia per amo un tal Joan Robert, de 28 anys; aquest, junt amb el seu dependent Cosme Viada, de 19, estaven despatxant la clientela. De sobte, sense que ningú hagués percebut cap paraula ni gest, els dos homes es posaren drets, encarats, enarborant immensos ganivets. El combat durà un parell o tres de segons, caient a terra mortalment estocats els dos adversaris. El dependent morí al cap d'un parell de dies i l'amo al cap d'una setmana. (LV., 13.1.1935)

A primers de gener de 1933 el mercat fou l'escenari d'una altra batalla sagnant. Un grup de militants intentà assaltar la caserna de les Drassanes; la forta presència policial als seus voltants i militar al seu interior ho impedí. Molts tiroteigs al Clot, les Rambles, Estació de França, als carrers del Migdia, Nou de la Rambla, plaça de Catalunya, intent de volar la prefectura de Policia de la Via Laietana i apoderar-se del Palau de Justícia i de la caserna de sant Agustí, bombes, diversos morts, moltes detencions... Era un intent de demostrar la força de la CNT, manifestant que estava disposada a acabar amb el poder. Un dels grups combatents, ben nodrit d'armes, afrontà la policia a l'interior de la Boqueria. El tiroteig deixà buida la plaça; mentrestant, un cotxe que baixava per la Rambla llançà una bomba al Palau de la Virreina.

Cal dur al damunt un gran convenciment per actuar d'aquella manera; o menys convenciment però molta ràbia, o una barreja de tots dos amb una gran dosi d'esperança segons la qual aquell tram és el de la recta final, i cal anar per tot i a totes; es tractava d'un llarg procés històric, de segles, en el qual el poble menut o l'estament pla, –com denominen els historiadors a les masses sotmeses– ha viscut en condicions extremament precàries i ha sigut l'instrument del creixement de fortunes i riquesa de minories.

El 14 de febrer del mateix any i amb poques hores de diferència, altres diversos fets importants s'esdevingueren als nostres mercats: a les quatre de la matinada entrava al Born un camió carregat de verdures quan i precisament per aquell dia s'havia decretat vaga; se li digué que girés cua i marxés, però el camioner i l'ajudant s'hi negaren; llavors un grup format per setanta o vuitanta individus, amb bastons i altres estris es llençà contra ells. Els conductors en sortiren malparats.

Unes hores després, un venedor ambulant estava venent els seus productes dins del mercat de sant Antoni, se li atansà un mosso del mercat i li va dir que havia de sortir de seguida; el venedor llavors tragué un ganivet que li fou arrabassat per uns guàrdies que se l'endugueren a la comissaria.

I ja a les onze, també uns mossos de la Boqueria s'adreçaren a un nombrós grup també de venedors ambulants que s'havien situat per oferir els seus productes al lloc ara conegut com dels tripaires. Aquest era l'antic magatzem cobert amb un terrat amb jardí en el qual fins 1911, com hem dit, hi havia hagut les peixateres; aterrat el magatzem l'any 1977 l'espai que va quedar, el novembre de 1994 passà a dir-se Plaça de Sant Galdric,[79] lloc de venda de les pageses. El cas és que aquells venedors ambulants que havien ocupat l'espai es trobaren recolzats pels tripaires o venedors de menuts que els hi feren costat. Els nous ocupants digueren que no se n'anirien; els mossos esperaren l'arribada de reforços i s'entrà en combat quan aquests arribaren al mercat. Hi hagué un bon grapat de ferits pels dos bàndols, però de detinguts sols per un dels dos, com era llei des de feia segles. (LV., 14.2.1933)

La freqüència de les vagues generava tantes inquietuds com esperances; a l'octubre del 1934 la Boqueria bullia per les dues coses; una vegada més les dones s'amotinaren perquè els propietaris de les fondes i restaurants tractaven de comprar tot el menjar, cosa que revestia caràcters d'acaparament. Hi intervingué la policia i no sabem com acabà l'assumpte. En diverses tendes del centre de la població que pretenien obrir, foren trencats els vidres i els dependents sortien i s'afegien a les marxes dels vaguistes.[80]

Els problemes de la Boqueria s'agreujaren. A partir de la conversió del Born en el mercat central de fruites i verdures, el nombre de parades entre les pageses de la Gardunya o plaça de Jerusalem, i els paradistes de la Boqueria, s'havia anat reduint. L'any 1929 deixaren les seves places tres-centes venedores de les dues mil que hi havia entre les dues àrees, quan el mercat havia arribat al moment de plenitud. Però ens consta que a les darreries de 1935 hi havia mil sis-cents trenta parades, però de les quals dos-centes eren buides en el mercat pròpiament i un nombre major a la Gardunya. (LP., 24.11.1935)

Joan Pich i Pon fou alcalde de Barcelona entre gener i octubre de 1935; mai no es va aclarir com va passar aquell home d'ésser un senzill electri-

79 Sant Galdric és el patró dels pagesos catalans. S' explica que ell i dos germans seus treballaven a estones els camps d'un altre camperol que estava impedit.

80 *La Veu de Catalunya*, 9 octubre 1934. – Fundat per Prat de a Riba l'any 1899, es publicà a Barcelona fins el 1937; tenia dues edicions diàries. Fou portaveu del programa ideològic i polític de la Lliga Regionalista. De línia conservadora, fou sostingut per la burgesia del país. Era un diari modern, i defensava l'autonomia, la normalitat de l'ús públic de la llengua i l'escola catalana.

cista a alcalde de la ciutat i posseir moltíssims diners. Es va fer popular per les seves pífies quan parlava. Per exemple, en un acte públic digué que *el peor tirano de la historia fue el Tirano de Bergerac*; en una inauguració i davant del rei Alfons XIII: *Majestad, ante sus pies la ubre* [urbe]; en una altra ocasió, parlant de la República expressà que la seva proclamació fou una jornada *sin infusión de sangre*. El cas és que Pich i Pon apostà també pel trasllat del mercat perquè això, deia l'alcalde amb un argument ridícul en aquella època, *descongestionaria les rambles de cotxes*. (ED., 21.2.1935)

Barcelona el 1936 tenia un milió d'habitants; una ciutat mitjana dins les grans ciutats d'Europa; pels carrers transitaven una sèrie de persones que eren conegudes per tothom per haver-se fet populars; una característica, era que feien molta vida al carrer, algunes perquè no tenien domicili; una altra, que era gent força solitària, potser per la condició de marginalitat en què vivien. Pel voltants de la Boqueria n'hi havia un que era conegut com *l'home dels gossos*, perquè sempre anava acompanyat d'una colla d'aquells animals; ens el dibuixa un periodista que l'entrevistà i del que extraiem un fragment:

> (...) Está ya frente a nosotros, y podemos examinarle a nuestro sabor. Viste un traje de pana increíblemente grasiento, bajo el cual se adivina un profuso arsenal de prendas superpuestas. Es bajo, robusto, y entre su intrincada barba de patriarca florece continuamente una sonrisa. Aunque en un principio nos ha recibido hurañamente, pronto se ha amansado, y ahora su habla fluida y pintoresca hace desfilar ante nosotros la historia de su accidentada vida. El escenario de la conversación es el mercado de la Boquería, bullicioso y vocinglero de día; pero que ahora –las doce de la noche– está completamente desierto. El hombre de los perros se ha refugiado allí porque unas vecinas compasivas se han comprometido a proporcionarle víveres para su perrada.[81]

Es pot tenir casa i viure al marge dels altres; passar anys vivint físicament en la societat però sense formar-ne part, et fa estrany. A Barcelona, a l'època hi havia un grapat de personatges que eren coneguts per tota la ciutadania i sempre eren objecte de tota mena de comentaris, si bé en general arreu eren tinguts en compte i respectats. La Boqueria era un dels llocs on aquests personatges hi passaven sovint; allí hi havia venedores

81 *Mundo Gráfico*, 8 gener 1936 – Setmanari fotoperiodístic popular, actiu i costumista, tocava els esports, espectacles, presentava els actor i actrius del moment, la política nacional i internacional, els fets del dia així com publicitat. La fotografia ocupava més de la meitat de la revista; tingué una tirada de 135.000 exemplars. Rebé la censura de Primo de Rivera.

que discretament els hi feien obsequis dels seus productes de venda perquè la major part d'aquelles persones solitàries en tenien necessitat, com «la Monyos», que caminava d'una banda a l'altra de la ciutat durant la major part del dia. Tenia la cara estriada de solcs i una mirada trista, es deia que havia patit molt, que havia perdut la seva filla quan aquesta era ben joveneta. Un altre personatge era el «Noi de Tona»; vivia sol, no tenia res, però mai no li mancava allò que necessitava; la gent no ho entenia i el «Noi» recitava: *A mi me llaman el tonto, / el tonto de mi lugar; / Otros viven trabajando / yo vivo sin trabajar.* També hi havia en «Girona pobre», anomenat així per contrastar-lo bé amb en Manuel Girona, un dels financers i industrials més rics de Barcelona. L'aspecte físic de tots dos tenia molta semblança. El nostre «Girona pobre» era molt bon conversador, culte i amable. Havia sigut tipògraf fins que se' va cansar i decidí assaborir la vida passejant i donant conversa a qui volgués. El cec «Antonet del violí» era un altre entranyable home que tocava aquest instrument per alguns cafes i locals de festes, com La Paloma; baixet, amb el nas arremangat i sempre duent gorra, era apreciat i fins i tot estimat per molta gent. La manca de visió i la seva simpatia feien que sempre trobés persones que l'ajudessin. I podríem seguir amb en «Pere Bufa», en «Pallofa», la «Marieta enfarinada», en «Carracuca», en «Magarrinyes» i altres. La Rambla era la casa d'aquests personatges i la Boqueria el rebost de més d'un.

Potser per distreure el personal o amb un intent perquè es parlés de qüestions innòcues, a meitat de la dècada dels anys trenta retornà el tema de la necessitat de traslladar del mercat de la Boqueria; es deia que una de les raons del canvi era el seu sanejament, sobretot humà, perquè la plaça s'havia convertit en refugi de malfactors, venedors ambulants i darrerament de pistolers; ara el futur lloc de preferència era el carrer Tallers, on hi havia hagut el convent dels frares paüls, després fàbrica de tabacs la qual durant aquells anys es va transformar en hospital militar; aquest començava al carrer Valldonzella i les seves edificacions omplien l'actual plaça de Castella. Com havia passat als anys 20, el canvi d'ubicació del mercat no va anar més enllà de les intencions d'algú, ves a saber si amb interessos amagats...

* * *

Un articulista, després d'haver-se entrevistat amb un responsable del Negociat d'Estadística de l'Ajuntament, va escriure un article presentat a finals de 1935 versat sobre els mercats i l'alimentació a Barcelona. (LV., 16.2.1935).

En el mateix comentava les diferències entre els mercats de la ciutat; en primer lloc assenyalava que la Boqueria i santa Caterina eren els més importants, no sols per la seva grandària sinó també per la gran quantitat i varietat de productes. Ara bé, deia que el de santa Caterina era el més genuí, el més tradicional i el que s'adeia més a les necessitats de la gent del barri, el que conservava la seva antiga essència. En canvi definia els de Gràcia com una realitat híbrida i trobava l'explicació en que era un barri on hi vivien molts alemanys; una carnissera d'aquell mercat referia que el darrer any havia venut el doble de porc que l'any anterior, afegint que a aquells estrangers els hi agradava molt el «lomillo». La veritat és que Barcelona, des de l'arribada de Hitler al govern, anava sent el nou domicili de molts germànics.

De la Boqueria deia que tenia l'aire de ser rebost de la cuina internacional, lloc on s'hi podia trobar caviar, producte que tenia la particularitat de fer-nos creure que ens agradava. En canvi el de sant Antoni era el mercat on més carn de cavall es despatxava: el 55% de la carn d'aquest animal consumida el 1934 a la ciutat havia sortit d'aquells taulells. Pel que feia a les verdures i hortalisses, repartint els cent-divuit milions de quilograms venuts entre el nombre d'habitants, conclou que cada ciutadà n'havia consumit una mica més de 118 quilos durant aquell any.

L'autor afirmava també que Barcelona tenia més afecció a la carn que al peix, malgrat que quan un comprador o visitant entrava en un mercat, la cridòria dels peixaters o peixateres era estrident i animadora, res a veure amb la discreció dels carnissers. El peix més anunciat era el xanguet, la boga, la sardina i també els llagostins. Ara bé, de les vint-i-quatre tones venudes aquell any a Barcelona, el peix que més sortida havia tingut era el lluç i el llucet, amb nou tones i mitja, seguit de la sardina i el seitó. No sabem res de la pesca salada que de ben segur era important.

Explicava que la gent anava canviant la preferència per la síndria en pro del meló; entre uns i altres, aquell any s'havien consumit deu milions d'unitats, el que tocava a deu per cap. La pinya americana anava guanyant posicions malgrat ser una fruita cara, prohibitiva per a la majoria. També el coco cada vegada arribava a més paladars si bé la major part era dedicat a la pastisseria. També tocava el tema de les castanyes i les castanyeres; l'any 1930 hi havia cent vint-i-cinc barraquetes amb les seves castanyeres pels carreres i l'autor explica que quan escrivia el text, aquestes s'havien reduït a la meitat en quatre anys.

Més enllà de l'article, l'abril del mateix any la Boqueria treia a subhasta la construcció de quaranta quatre parades destinades a la venda de menuts –*despojos*; això ens indica que aquests productes, que constituïen un plat fort, eren dels més barats i per tant tenien un consum molt gran. (ED., 27.4.1935)

GUERRA I REVOLUCIÓ

Es va desfermar la pitjor de les tempestes, l'aixecament feixista; ara l'intent era de transformar una societat que patia el pes i la dictadura del capital en una que, a més, tindria la del feixisme. I la societat treballadora percebé això com la gota que va fer saltar la revolta social, l'esperada durant dècades i segles pels més escarnits.

Com es va viure als mercats, especialment a la Boqueria, aquells fets sobre tot els primers dies? Com van actuar els mercats en el subministre d'aliments a una població en revolta que de seguida va sentir els efectes de la guerra?

La lògica alegria i legítim entusiasme d'aquelles primeres hores estava amenaçada per una muntanya de dificultats, unes més enllà de les noves fronteres geogràfiques creades, però d'altres, d'immediates i a casa. Perquè també hi hagué miserables, pobres, roïns i mesquins que sentiren seva la victòria, malgrat que no tots haguessin sortit al carrer; ells, com molta altra gent, ho van fer quan passà el perill i saberen qui eren els guanyadors. En aquelles condicions no deuria ser estrany que algunes botigues de queviures i estancs fossin assaltades amb una barreja de sentiments que oscil·laven entre la revenja i la necessitat.

Des de la Boqueria ens explicaven que un treballador que anava amb un fusell li ensenyà un paper a una carnissera del mercat on es deia que havia de donar-li unes quantitats de carn. La venedora lliurà tot seguit el que li demanava; aquest fet es repetí diverses vegades en diferents parades.

Es van constituir des dels primers dies comitès d'abastiment perquè no es tallés la cadena de subministres a la ciutat; cinc dies després de la victòria del món obrer, aquells comitès feren una crida a la pagesia de les rodalies perquè no deixessin de portar els seus articles al Mercat Central del Born; també la Unió de Rabassaires es mostrà favorable i garantí el lliure pas dels seus afiliats als mercats i la venda dels seus productes. (LV., 24.7.1936)

Cartell amb els preus de la carn. Associació de Carnissers de Barcelona, 1937

Divendres a la tarda, dia 24 de juliol, el conseller de proveïments junt amb una comissió d'abastidors de vedella anà a Girona per concertar la tramesa d'un tren carregat d'aquells animals per proveir els mercats de Barcelona. Pel que fa a la carn de corder, sembla que no hi havia escassetat. A l'endemà, l'oficina d'Estadística va emetre una nota fent saber que els magatzems de majoristes estaven ben nodrits d'aliments com per no témer cap escassetat les properes setmanes.

Res com l'amenaça de manca d'aliments i la possibilitat d'una guerra, aterren i sembren el pànic en una societat: ara les dues coses eren reals; penetraven i s'apoderaven de les consciències.

El desembarcament de peix al port havia caigut per la nova situació política i geogràfica de la costa; pràcticament sols arribava aquell aliment que era pescat al litoral català; el conseller manifestà que havia arribat a un acord amb els patrons dels pesquers de Donòstia per fer arribar pesca fresca a Barcelona. Per desgràcia això durà poc al caure en mans franquistes aquella ciutat i la seva costa durant el setembre del mateix any (LV., 2.8.1936).

El 16 d'agost el Comitè Central d'Abastiments feia una crida a la moderació davant molts casos que qualificava d'abusos, a la retirada de carns de l'escorxador per abastir «les entitats antifeixistes»; el Comitè deia que per a un sol dia s'havia agafat carn per a 81.420 persones; això apart de les 16.100

racions que es consumien als menjadors populars i cantines de la ciutat. I encara calia afegir, deia el Comitè, tots els aliments que eren enviats per sostenir les columnes del front d'Aragó; aquests aliments eren deixats als dipòsits de Lleida, Monsó, i Casp. L'escassetat d'aliments bàsics a la ciutat començava a accentuar-se i arribaria a ser un mal son. En aquest sentit, atenent-nos a la supervivència, el món rural tenia més recursos que la ciutat.

En aquella greu situació, sorgiren molts espavilats i aprofitats,

> **Consignas del Comité de Abastos:** Habiendo algunos desaprensivos hacerse pasar por delegados nuestros, advertimos a las autoridades y organismos antifascistas, que nuestros delegados llevan siempre credenciales de delegados, y que los que llevan autorizaciones lo son únicamente para dedicarse a su comercio o al transporte de víveres, sin ninguna misión encargada por nosotros.
>
> Volvemos a repetir que el Comité de Abastos no hace requisas ni incautaciones, sino que compra con pedidos impresos, autorizados con el sello del Comité Central, si se trata del ramo de alimentación o bien de la sección de Ropas y Herramientas del Comité, si se trata de otros géneros.[82]

Els paradistes dels mercats, els de bona fe, no s'ho passaven gens bé, els costava trobar aliments que poguessin vendre a preus raonables. Veien la situació de necessitat en què es trobava la seva clientela fidel i no poder-la servir de vegades mentre altres amos de parades no tenien escrúpols en acaparar per a vendre quan fos el moment més lucratiu. Perquè una revolució és possible si s'hi creu; llavors hi havia condicions per creure-hi, però això no era possible amb un excés d'interessos personals i poca generositat.

> **Abastos. Disposición para los vendedores de los mercados contra los aprovechados.** Enterado el consejero de Abastos, de que en el mercado de la Boquería se han presentado unos pretendidos agentes de un Comité de Defensa, imponiendo e incluso cobrando multas a diversos vendedores, hace presente a todos los vendedores en general que el único organismo autorizado para imponer y para cobrar multas en los mercados es el Ayuntamiento de la ciudad,

82 *Solidaridad Obrera*, 7 agost 1936.– El principal periòdic del sindicalisme anarquista espanyol. Aparegué a Barcelona l'octubre de 1907. A partir de 1911, constituïda la «Confederación Nacional del Trabajo de España» (CNT), serà el seu portaveu a la vegada que l'organ de la «Confederación Regional del Trabajo de Cataluña», en la que s'havia convertit l'anterior sindicat «Solidaritat Obrera», que seria el més important d'aquest moviment a Espanya. És el diari que més persecució governamental ha patit. Acabada la Guerra Civil, seguí en la clandestinitat.

> por lo que serán detenidos y puestos a disposición de los Tribunales Populares los elementos que quieran sorprender de esta manera la buena fe de los vendedores. (ED. 20.12.1936)

Aquesta qüestió anà empitjorant de tal manera que el 14 d'abril de 1937, a les set del matí grups de dones decidiren tancar el mercat d'Hostafrancs amb els venedors i venedores a dins; la Guàrdia d'Assalt es presentà i ho va impedir. També les dones assaltaren els mercats de la Torrassa, l'Hospitalet (Provençana, abans santa Eulàlia), i Sants, on a mida que avançava la manifestació de dones el seu nombre creixia; al seu pas feia tancar també les botigues d'aliments i aturaven els tramvies, invitant les dones que hi viatjaven que baixessin i s'hi ajuntessin. Succeí el mateix a la Barceloneta on la marxa l'encapçalava una dona que anava enarborant una pistola; l'arribada de les Patrulles de Control va rebentar els propòsits. A dos quarts d'onze una multitud es presentà a la Boqueria, després a sant Antoni, la Concepció, la Llibertat de Gràcia i el Clot. Tombaven les taules amb els seus productes i trencaven balances. L'elevadíssim preu dels ous era un dels punts més escridassats.

A l'arribar a la plaça d'Espanya on hi havia el Comitè de Defensa, un grup pujà per exigir als delegats que es fessin complir les reivindicacions, però els hi digueren que no tenien competències sobre aquell tema. Anaren al despatx de l'Alcalde, a la plaça de la República. A la tarda, amb pancartes, es presentaren a la Generalitat on foren rebudes pel subsecretari de presidència; aquest les va derivar a la Conselleria d'Abastos.

La manera com tots aquells representants oficials van tractar les dones va ser despectiva i humiliant, pròpia de polítics professionals, tot el contrari del que pretenia la revolució. Aquell dia, el que hagués pogut ser una nova societat sense amos ni senyors, rebé una forta patacada: faltaven quinze dies pels Fets de Maig perquè la desfeta, amb la traïció d'alguns partits, es consumés.

La premsa de l'endemà atacava durament els venedors dient que no hi havia cap raó per la pujada de les darreres setmanes, que no eren productes d'importació; els acaparadors eren els que més crítiques s'emportaven, qualificant-los de traïdors i contrarevolucionaris. També es criticava el govern de la República per seguir protegint el comerç lliure. (SOLI., 15.4.1937)

Mentre passaven aquestes greus contrarietats que afectaven seriosament els ànims i la fe en la revolució, veiem com altra gent humil, vituperada sempre per les classes benestants i les autoritats, contribuïen en un recapta oberta per recollir diners per poder comprar armes: es tractava de venedores ambulants de peix de la Boqueria, que entre elles havien aplegat 245 pessetes. (LV., 11.3.1937)

Tornant a la Boqueria i a les vigílies de la sublevació de les dones, la Conselleria Regidoria d'Abastos, amb l'aprovació de l'Ajuntament, havia fixat els següents preus: ous de Vilafranca, a 0,60 pessetes unitat; ous del país, a 0,55 pessetes unitat; estrangers: d'Holanda i Bèlgica, a 0,35 pessetes unitat; d'Egipte, a 0,25 pessetes unitat. Ara bé, trobar ous de Vilafranca o del país per menys d'una pesseta era molt difícil, al preu taxat la resposta era que *no n'hi havia.*

Veiem com dels ous, un producte tant senzill com nutritiu i efectiu per solucionar amb poca estona molts àpats, n'hi havia que venien de països llunyans en una època en què els transports eren molt costosos. El mateix passava amb les mongetes seques provinents de Bulgària i Romania, o la carn de bou congelada de l'Argentina.

És cert que a partir de la sublevació de les dones el control sobre els venedors fou més estricte; els registres als magatzems que guardaven productes acaparats, les multes i tancament de comerços foren constants. Per exemple i com tants dies, a mitjan de desembre d'aquell any, *per la Comissaria General de Policia foren imposades multes de 500 pessetes als carnissers següents, per haver-se descobert que no expenien la totalitat de les seves existències al públic, sinó que una bona part d'aquestes existències les amagaven a les cambres frigorífiques, per tal de vendre-les després d'amagat a preus superiors a la taxa (...) Quatre d'aquells paradistes ho eren de la Boqueria, així com ho era una verdulera la qual havia amagat de les rebudes per a la venda, 26 cols, dessota del taulell, per tal de vendre-les al seu domicili a un preu abusiu.*[83]

Un bé preuat per la canalla era la llet condensada.

> La distribución de la leche condensada para los niños menores de dos años se hace en Barcelona muy deficientemente, porque no se cumplen las instrucciones que tiene dada la Alcaldía. Esto ocurre en el mercado de la Boquería, donde se mezclan colas interminables las recetas de biberones y las de enfermos, y muchas semanas se quedan las recetas de biberones sin poder adquirir el producto que les corresponden.
>
> ¿Por qué no se toman cartas en el asunto, se resuelve este problema tan importante como es la alimentación de los niños? En Valencia,

83 *La Humanitat*, 15 desembre 1937. – El diari (1931-1939) fou fundat per Lluís Companys i fou l'òrgan d'Esquerra Republicana. Acabada la guerra, aparegué una temporada a l'exili.

> Madrid, etc., funcionan unos servicios de Puericultura que son una maravilla. En Barcelona debe haberlos también. Los millares de niños que hay en Cataluña lo exigen.[84]

No obstant, el país seguia amb una economia de guerra on la prioritat eren els diversos fronts bèl·lics.

La postguerra: Tristesa i austeritat

Els anys quaranta foren desastrosos. Una plaga bíblica caigué sobre el país; ara començava una segona guerra civil, més silenciosa, però amb més terror; molts empresonats, afusellats, exiliats... i molta fam. Els primers deu dies foren de demagògia, els franquistes s'apoderaren dels dipòsits d'aliments que els republicans havien deixat, i des de diverses cantonades del carrers distribuïen menjar a tothom qui n'anava a buscar. Naturalment, l'engany s'acabà aviat,

> Aunque en principio nos deslumbraron con barras de pan blanco y abundancia de comida, pronto se normalizarían las cosas y volveríamos a tenerlo racionado casi todo[85]
>
> L'abundor de queviures ens rehabilitava. Tot eren litres d'oli, quilos d'arròs, de sucre, llet condensada, xuscos, galetes i xocolata[86]

Per afrontar el desastre, el govern va instituir les nomenades *Cartillas de Racionamiento,* les quals eren de titularitat familiar, fins que a partir de 1943 passaren a ser individuals amb un intent de poder controlar més bé els aliments i la població. Al seu interior hi havia unes pàgines amb una serie de cupons retallables; d'aquells fulls n'hi havia uns destinats a aliments bàsics, com el *Pan, Arroz, Carne*..., i uns altres amb el títol de *Varios*. Hi havia tres categories de cartilles segons l'estatut social de cada receptor que, en general, tenia dret cada setmana a 125 grams de carn, 250 grams de pa, 100 d'arròs, 100 de llegums, un tall de sabó i altres articles de primera necessitat. Ara bé, els militars,

84 *Frente Rojo*, 26 desembre 1937. – Diari vespertí del Partit Comunista Espanyol editat al principi –febrer de 1937– a València per passar als pocs mesos a Barcelona. S'extingí el gener de 1939. Representava el PCE, molt proper als idearis de Moscou

85 Pastor, Ricardo: *Recuerdos infantiles de nuestra guerra.* Parsifal Ediciones, Barcelona, 1992. (Citat per Jaume Fabre a *Els que es van quedar: Barcelona, ciutat ocupada.* Publicacions de l'Abadia de Montserrat, 2003)

86 Roura, Maria del Tura: *La meva història de la Guerra, a Olot.* Papers de l'Arxiu Casulà. Olot 1986. (Id. Jaume Fabre)

el clergat i aquells adeptes que havien demostrat fidelitat al nou règim tenien dret a racions més grans i sovint accés a productes de més bona qualitat.

Veiem, per exemple, el 10 d'agost de 1941:

> Delegación Provincial de Abastecimientos. Reparto de patatas. – El lunes día 11 de agosto, se distribuirán patatas en el distrito V y mercado de San José, a razón de dos kilos por ración, contra entrega, del cupón número 60 de "Varios" y al precio de una peseta el kilo. (LV., 10.8.1941)
>
> Hoy, día 7 se distribuirá carne congelada en las tiendas y puestos de mercados que habitualmente expenden carne de ganado vacuno en esta capital. El expresado racionamiento se efectuará indistintamente en cualquier tienda o puesto de mercado, a razón de cien gramos por ración, contra entrega del cupón número 67 de "Varios" y a los precios siguientes: Carne sin hueso ni sebo: 17 Ptas, o sea a 1'70 pesetas la ración.
>
> Sebo: 5'90 Ptas. o sea a 0'60 ptas. ración. Los industriales carniceros justificarán la venta en la forma que se determina a través del Gremio, debiendo estar a la vista del público la totalidad de la carne congelada y no pudiendo existir cantidad alguna debajo del mostrador. (LV., 7.8.1947)

La qualitat era dolenta, molt. Les mongetes seques s'havien de triar una a una, perquè la majoria eren corcades; de no fer-ho, al bullir-les els animalons pujaven tots a la superfície, oferint-se com una vianda gens desitjada; les llenties eren properes al regne mineral al trobar-se barrejades amb multitud de pedretes. I el pa? El pa de racionament era anomenat pa negre o moreno, res a veure amb el nostre pa integral. El poc blat que hi havia anava destinat a fer pa blanc, que es venia d'estraperlo; però era un bé prohibit. El pa moreno estava fet amb farines barates de tota mena, podia haver-n'hi de cigrons, de blat de moro, de faves, de guixes (*guijas, almorta*), etc. Malgrat la mala qualitat dels aliments, als mercats es formaven cues llargues i atapeïdes de persones aspirants a rebre aquells mínims que els corresponien. Sovint esclataven fortes discussions sobre qui anava al davant d'un altre o algú que feia dues cues a la vegada i anava i venia de l'una a l'altra; es podia arribar a les mans. Llavors el govern desplegà als mercats més conflictius grups de soldats que portaven com a vestimenta una mena de monos o granotes de color caqui i el més important, anaven equipats amb porres. I allà on hi havia cridòria ells hi posaven ordre.

A més de la mala qualitat dels aliments, hi havia la insuficiència que proporcionaven les cartilles; per exemple, entre 1944 i 1950 Barcelona sols pogué adquirir –amb la cartilla– un 35% de l'oli que consumia a l'any 1936, un 20% de l'arròs, un 40% del sucre i un 30% de les patates. Els anys amb més dificultats alimentàries es produïren entre la fi de la guerra i el 1946.[87]

Sense vida cultural; amb una església també triomfant que envaïa escoles, centres de treball, associacions; arreu i sempre les fotografies de Franco, de vegades acompanyada per una altra de José Antonio o bé del papa Pius XII, que tant havia defensat al dictador, la seva causa i els seus mètodes.

A partir de la imposició del nou règim, la Boqueria celebrava cada any el dia de sant Josep amb una gran missa cantada a la veïna església de sant Agustí. Hi havia corals, sermó, obsequis. Després, sardanes. L'estat d'embriaguesa dels vencedors havia fet desaparèixer qualsevol forma d'expressió cultural. La mateixa direcció de la Boqueria encobria i reduïa a la banalitat l'estat de misèria humana en la que es trobava la ciutat,

> Con motivo de la festividad de San José se ha celebrado en el Gran Price[88] un baile de gala organizado por los vendedores del mercado de San José para proceder a la elección de la Reina del Mercado y su Corte de Honor. (LV., 21.3.1945)

A la Boqueria es parlava fluixet quan es preguntava per la família perquè la majoria restaven incompletes, amb components a l'exili o empresonats o als camps, altres executats... La por de tants confidents que els podies tenir a la mateixa cua del mercat o passejant, però sempre escoltant per delatar i fer mèrits.

Per afrontar el problema de les subsistències i els nombrosos fraus, l'Estat va crear un instrument punitiu, la *Fiscalía Superior de Tasas*, la qual tenia per missió controlar el contraban, l'estraperlo, l'acaparament, les estafes en les quantitats i qualitats, les irregularitats en el racionament, etc. La Fiscalia era un malson per a tots els mercats i negocis relacionats amb l'alimentació; la Boqueria, el més voluminós dels mercats, rebia habitualment la visita dels inspectors, i allò més normal era l'aixecament d'actes que acabaven en multes importants i confiscació de productes; també el tancament de comerços. Ignorem com es feia la tria dels llocs que s'havien de visitar així com l'objectivitat a l'hora de castigar. Impossible d'oblidar

87 Molinero, Carme - Ysàs, Pere: *Patria, justicia y pan. Nivell de vida i condicions de treball a Catalunya. 1939-1951.* Edicions La Magrana, Barcelona, 1985

88 El Gran Price era un local polivalent que havia servit de sala de ball, circ, conferències i mítins, boxa i lluita, etc., i tenia una cabuda per a quasi 5.000 persones. Es trobava al xamfrà dels carrers Floridablanca i Casanova. Comprat per Núñez i Navarro, fou enderrocat l'any 1973

les grandioses fortunes que es van fer per part de prohoms del règim i per protegits del mateix, mercadejant amb queviures de primera necessitat.

Durant anys escasseja la documentació sobre el nostre mercat; en aquestes primeres dècades ni tan sols li és respectat el seu nom popular que la República havia reconegut, el de la Boqueria; el nom que els militars anti-constitucionalistes li varen imposar el 1840 de *San José*, ara havia retornat amb uns altres militars tan o més repressors que aquells; sols la memòria popular va fer que fos inútil el propòsit oficial. I el de santa Caterina, que durant la revolució havia sigut rebatejat amb el de Mercat Nou, ara se li tornava l'antiga titularitat. També el que durant aquells anys havia sigut el mercat del Pedró tornaria a dir-se de *San Antonio.*

Als primers números de la *Gaceta Municipal de Barcelona* aparegudes després de l'entrada dels nacionals a Barcelona hi figuren l'adjudicació, sense subhasta, de parades del *Mercado de San José* a familiars de persones que havien mort durant els darrers temps. No cal dir que eren famílies del bàndol franquista:

> – Traspasar a favor de Antonia Gili Cots y de María Gili Gili, haciéndoles gracia del retraso con que han presentado la petición, los puestos n.º 222 y 426, respectivamente, del Mercado de la Abacería Central, destinados a la venta de buey y ternera, de los que era concesionario el hoy difunto esposo y padre de las recurrentes Pedro Gili Roig, mediante el pago de 450 ptas. por cada puesto, sin el descuento del 20 por 100, como sanción por haber solicitado este traspaso fuera del plazo reglamentaria.[89]
>
> – Otorgar el traspaso a favor de Dolores Esquíus Colomés, menor de edad, del puesto n.º 812 del Mercado de San José, destinada a la venta de carnes de cerdo y cabrito, del que era concesionario su difunto padre, Luis Esquíus Puig, mediante el pago de la cantidad de 400 ptas. en concepto de derechos de permiso [...]. (GMB., 22.1.1940)
>
> – Otorgar el traspaso, a favor de Josefa Doménech Pla, haciéndole gracia del retraso con que ha presentada la petición, del puesto n.º 36 del Mercado de San José, destinada a la venta de frutas y verduras, del que era concesionario su difunto esposo Juan Güell Ripoll. (GMB., 6.8.1940)

89 *Gaceta Municipal de Barcelona*, 9 octubre 1939.– És la publicació oficial de l'Ajuntament. El seu contingut és administratiu i manifesta les disposicions, acords, actes, informacions i anuncis que han de ser coneguts pels habitants de la ciutat. Començà publicar-se el setembre de l'any 1914 setmanalment.

El febrer del 1939, Franco demanà ajuda urgent en forma d'aliments al seu col·lega Mussolini, i aquest, cinc mesos després va enviar al port de Barcelona menjar per valor de 5.400.062 pessetes a través de tres viatges del vaixell Barletta; també arribaren 375 tones de bacallà, valorades en 843.750 pessetes. (GMB., 19.6.1939)

L'escassetat d'aliments era alarmant; la tuberculosi i malalties conseqüents a la desnutrició s'estengueren com una segona maledicció després d'haver-se dut a terme la Pacificación Nacional amb tota mena d'armes.

La batalla dels venedors dels mercats i dels botiguers contra els venedors ambulants continuava, i ara amb el nou règim encara agafava més volada. Els darrers anys a Barcelona grups de venedors ambulants havien aconseguit formar alguns *mercadillos* i amb algunes limitacions, com pagar un arbitri, ser reconeguts per les autoritats municipals; un s'havia format al carrer Sicília, entre Rosselló i Còrsega; un altre al passatge de Llívia, al Guinardó; un altre al carrer Dos de Maig, a tocar del carrer dels Enamorats, i el que volem explicar del Raval, situat al final del Portal de santa Madrona, entre aquest carrer i el Paral·lel, també nomenat *Mercadillo* de les Drassanes. Els nous titulars dels llocs de venda, però, havien de ser:

> [...] víctimas del marxismo, familiares de Caídos o que hayan resultado inútiles en defensa de los postulados de la España Nacional, las personas ancianas o indigentes y las que antes del 18 de julio de 1936 se dedicaban a la venta ambulante en Mercadillos, siempre que justifiquen su adhesión al Glorioso Movimiento Nacional. (Gaceta Municipal de Barcelona, 16.9.1940)

Aquests *mercadillos* podien vendre peix fresc, fruites i verdures, més altres productes autoritzats per la *Tenencia de Alcaldía de Abastos*. El servei d'administració del *mercadillo* de les Drassanes corria a càrrec del director del mercat de la Boqueria. D'aquesta manera els *mercadillos* passaven a ser tutelats i controlats pels mercats oficials, perdent el seu règim autònom. I no cal dir que no hi tenia entrada qui havia mostrat desafecció al nou règim.

El mercat de les Drassanes, de manera oposada al que molts poden pensar, es va arribar a fer famós per la frescor i qualitat del seu peix; de matinada, en aquella amarga postguerra, els venedors sortien cap el port, cap a Montgat o Badalona a esperar les barques que tornaven de la feina començada el vespre abans i comprar a bon preu el seu peix. En una bona crònica del setmanari *Destino*, (Destino, 25 març 1944), quedava plasmada aquesta realitat, fins i tot dient que algunes de les famílies burgeses de la ciutat de tant en tant baixaven –o feien baixar algú– al Barri Xino per comprar d'aquell peix, lloant que les autoritats haguessin donat carta de reconeixement a aquelles peixateres. El mercat, a sol i serena, era adossat a la part interna i oposada de la vella muralla del Paral·lel.

També, explicava, com al costat de les fruites i hortalisses, hi havia altres parades on s'hi podia comprar passamaneria, encenedors, roba, estris de cuina, llapis, etc. Però els seus orígens els trobem a prop, pels carrers Arc del Teatre, Cirés, Migdia i Cid quan als anys trenta ja era un eixam de venedors que de mica en mica van passar de ser ambulants a sedentaris omplint i fent-se seus aquells carrers.

Una mica més enllà, al Paral·lel, hi havia un punt on es reunien els recol·lectors i venedors de burilles de tabac. El producte reciclat es venia en forma de picadura i de nous cigarrets, elaborats amb el sobrant de les puntes trobades a terra o recollides als cendrers i terrasses dels bars i cafès.

Aquell mercat de les Drassanes tenia molt d'èxit; les vendes creixien; va fer una clientela d'àmplia procedència geogràfica, no cal dir del Districte V i Raval, sinó també de l'altra costat del Paral·lel, el baix Poble Sec així com de gent de la immensa població barraquista que omplia bona part de Montjuïc.

Però aquelles autoritats, que no veien malament que cada dia fossin executades persones al Camp de la Bota, volien vetllar per la salut i la higiene als mercats en bé dels seus compradors, alguns d'ells possiblement emparentats amb algun d'aquells que cada matí baixaven, per la força, del castell de Montjuïc o eren trets de la Model per ser sacrificats. De manera que al desembre de 1949, l'Ajuntament decidia,

> Destinar, a fin de eliminar el desagradable aspecto del mercadillo de Atarazanas, instalado en la calle de la Puerta de Santa Madrona, para emplazamiento del mismo, con carácter provisional, la mayor parte del almacén llamado del Marqués del Duero, que procedente del ramo de guerra pertenece al Ayuntamiento con fachada en la calle del Marqués del Duero, entre la de Carrera y el paseo de Colón. (GMB., 26.12.1949)

Per als comerciants de la Boqueria la notícia fou rebuda amb una gran alegria; s'acabava la competència. Tot per ells. El nou mercat es construiria al costat oposat al Raval, al començament del Paral·lel però a la banda de Montjuïc; i es va fer per via d'urgència, sense subhasta de les obres sinó per administració. El solar, encara que ocupat pels militars com a magatzem d'obres, era de propietat municipal. Sobta la pressa, que ratllava la precipitació, amb que es va construir aquell mercat en una època de lentitud i burocràcia, ja que es va aprovar el pressupost al febrer de 1950 i es bastí amb pocs mesos. Apuntem que al franquisme no li agradava l'estètica de l'espontaneïtat i les iniciatives sorgides des de baix que era el que definia el mercat de les Drassanes.

El juny del mateix any obrien les parades del nou mercat *Virgen del Carmen*; la seva inauguració va ser un aparador en el que s'hi va exhibir l'escòria del franquisme barceloní. Però les coses no van sortir com s'esperaven els seus promotors (GMB., 19 juny 1950). El Mercat del Carme no tingué la popularitat que tenia el *mercadillo* de les Drassanes, malgrat que aquell era net i ordenat, cobert i il·luminat; potser va ser això el que no va agradar a la clientela, perquè la proximitat venedora-compradora ja no era la mateixa, ara ja no es regatejava, hi havia balances noves i bona part dels paradistes era gent desconeguda.

A més, al Raval seguia la venda ambulant pels seus carrers perquè el nou mercat era allunyat del barri per la discontinuïtat i tall que ocasionava el Paral·lel, i malgrat que fou una aproximació als barraquistes de la muntanya de Montjuïc i al Poble Sec, no tingué la vida que tenia el vell *mercadillo* de les Drassanes. Pocs anys després i constatant el fracàs del mercat, el municipi començà a plantejar-se el retorn al Raval, ben a prop d'on hi havia hagut l'espontani *mercadillo*, reconeixent així que aquest havia sigut una realitat ben funcional. El primer mercat del Carme tingué una durada de vint-i-dos anys.

El *nou* mercat que tindria el mateix nom, fou construït entre els carrers del Cid, Berenguer el Vell i l'Arc del Teatre, ben bé al rovell de l'ou de l'anomenat Barri Xino i s'estrenà l'estiu del 1972. Ben a prop hi havia hagut la cèlebre sala de ball-cabaret *La Criolla* i la tasca *La Mina*. Tenia uns tres-cents llocs de venda d'aliments.

Malgrat això, tampoc aquest emplaçament va reeixir; als primers anys la majoria de la potencial clientela seguia comprant a les residuals venedores ambulants o anava a la Boqueria. A la fi, el novembre de 2006 el mercat fou clausurat i enderrocat. Aquesta vegada i en aquest indret, el mercat del Carme va durar trenta-quatre anys. Ara sí que la Boqueria tornava a tenir, com a mercat, l'exclusiva del Raval.

En mig de la fam, idees pertorbadores

Tornem ara a les darreries dels anys quaranta: les autoritats, fidels a la seva condició volgueren fer seu un dels distintius del feixisme com era l'execució de grans obres que pel seu volum i dimensions deixessin bocabadats els ciutadans. De nou i per tercera vegada es plantejà la necessitat de canviar l'emplaçament de la Boqueria, precisament en un moment de misèria econòmica, en el qual tenir pa era més que mitja vida. La *Comisión Municipal Permanente* de l'Ajuntament, encarregà als *Servicios Técnicos Municipales de Arquitectura* l'estudi d'un indret per aixecar el nou mercat de *San José* i embellir així els voltants del Palau de la Virreina. Al cap de poc es proposava la *Nova Boqueria* a la zona Ramalleras-Elisabets-Montalegre. Això permetria realitzar la idea, exposada ja l'any 1944, d'alliberar un immens espai que serviria, a més, per fer un gran aparcament a tocar de les Rambles, de gran utilitat durant la temporada del Liceu (LV., 4.2.1944).

A partir d'aquesta notícia, el trasllat de la Boqueria semblava que anava de debò. Altra vegada començà la campanya de desprestigi vers el vell mercat, titllant-lo d'arcaic, passat de moda, brut, fosc, fangós i antihigiènic; creien i ho volien fer creure, que un de nou, al menys als primers temps seria net i higiènic i que ni que fos per un termini curt ja valdria la pena. S'arribava a dir que la majoria de barcelonins sentien i tenien antipatia a la Boqueria, entre altres insensates raons per la seva manca d'*ornato público*.

Els barcelonins miraven aquests propòsits amb escepticisme i ironia, eren massa vegades que sorgien aquestes cabòries i per ells les coses ja estaven bé així; d'altra banda, milloraria això les existències i els seus preus? Creien que més bé el contrari, perquè algú hauria de pagar tantes obres i tants senyors. I qui ho mirava amb temor eren els que tenien parades, es veien venir al damunt una gran quantitat de despeses i nous impostos que no tots els podrien afrontar.

El tema, però, s'anà refredant per manca de diners, d'entusiasme i una oposició silenciosa. Però no creguem que la qüestió quedà enterrada perquè els que no es sentien derrotats eren els fabricants d'idees estrafolàries. I és que la saviesa dels humans ha sigut immensa, com immensurable és la seva estultícia. Tenint Barcelona un Barri Gòtic edificat un 80% durant els últims setanta anys, ara sorgia la proposta de transformar una part del barri del Raval en barroc, aprofitant l'Acadèmia de Medicina –carrer del Carme–, la Casa de la Convalescència –carrers del Carme-Egipcíaques–, el temple de Betlem i el Palau de la Virreina; a aquest se li faria una façana abarrocada pel seu darrera, a la actual Plaça de Sant Galdric, i un cop *retirades* les cases del carrer del Carme, el mateix es faria per aquella banda de la Virreina descoberta: així, la barroca església de Betlem s'emmirallaria amb el lateral barroc, nou de trinca, del Palau de la Virreina. Més encara: en aquells moments hi havia el projecte, executat més endavant, de construir al carrer de les Egipcíaques la Delegació del Consell Superior d' Investigacions Científiques. Es demanava, però, que aquesta nova edificació guardés les línies arquitectòniques del nou barri i que alguns d'aquests edificis formessin el conjunt per encabir el nou Museu d'Art Modern (LV., 14.11.1952). I aquell desvarieig, en mig de la pobresa humana existent durant aquells anys.

No és cap desencert pensar que es volia distreure el personal; al govern li havia sortit bé l'operació conjunta que amb l'església havia dut a terme amb la celebració del XXXV Congrés Eucarístic Internacional a Barcelona el maig de 1952; fou una operació política d'ampli espectre. Per primera vegada, el govern, parapetat amb la màscara de l'església rebé polítics de diversos països del món; també arribaren molts grups de turistes pelegrins. Foren els inicis de la sortida de l'aïllament internacional.

Aquells projectes prengueren més força quan l'Ajuntament, en un Ple del mes de novembre de 1952 acordà l'expropiació i enderroc de tres finques del carrer de Jerusalem i dues del de les Moreres, *afectadas por el proyecto de aparcamiento de coches en el patio del Mercado de San José* (LV., 22.11.1952).

Les cases caigueren tres mesos més tard i les venedores afectades que feien ús d'aquells magatzems o parades foren traslladades a altres mercats. Un bonic testimoni escrit ens el deixà una venedora, explicant amb el cor trencat els seu sentiments d'allò que sentí el darrer dia d'aquell setembre de 1952 a la Boqueria:[90]

> Per a ella, era l'últim dia de venda a la Boqueria. Un comiat desolador, en sintonia amb el de les entranyes d'una dona per a qui aquest mercat era part inseparable no solament de la seva vida, sinó també de la seva carn. Tenia onze anys el dia en què hi començà a treballar i, aquella tarda, amb quaranta-sis, un dissabte de setembre de 1952, en seria l'últim.

90 Navarro i Abad, Àngela: *Històries de la Boqueria. Vivències d'una dona de mercat (1918-1952).* Ed. entrecomes, Barcelona, 2013.

L'Ajuntament havia decidit suprimir la Gardunya, la part de la Boqueria a l'altra banda del carrer de Jerusalem, per fer-ne un pàrquing. Havien repartit els venedors pels altres mercats de la ciutat. A ella, li van adjudicar un espai al mercat de Sants:

–Senyor, tan lluny! I sense la clientela...

La Carmeta, esquinçada per dins, es va haver d'encarar com gairebé tots a la llunyania del seu mon i a un futur incert. El comiat dels clients i de les clientes fidels, un a un, va ser com el condol d'un enterrament sentit. Tothom li va desitjar sort.

Van tocar les set de la tarda. Seguia plovent. El marit i el fill, Josep, recolliren en caixes la fruita sobrera del dia anterior i que el mal temps no els havia permès liquidar, i van desmuntar la parada per darrer cop: fustes, capitells, balances, pesos, paneretes i cabassets foren guardats dins l'única part fixa de què disposaven, d'obra, al fons. El dilluns els homes farien el trasllat.

–Comença a passar, Carmeta –li va dir el marit, volent-li estalviar el darrer moment...

A les darreries de 1952, la *Comisión Municipal Permanente* reprengué el vell tema. Era la quarta vegada! La dèria o tossuderia pervivia, ara de manera més absurda que mai tenint en compte la gran quantitat de necessitats bàsiques que patia la població en aquella llarga postguerra; com qui no diu res, ara la proposta era més esbojarrada encara: per fer lloc al nou mercat es proposa d'aterrar tots els habitatges encerclats pels carrers de l'Aurora, Robador, Beat Oriol i Sant Jeroni. Sortosament i una altra vegada, la qüestió se'n anà com el fum.

Tres anys més tard i aprofitant el dia de *San José Obrero* que per cert no tenia res a veure amb el dia dels treballadors, s'inaugurava l'aparcament a la plaça de la Gardunya. *Este aparcamiento reúne perfectas condiciones de pavimento, señales y luz y estará vigilado por un guarda-coches.* La gent del Liceu ja podria deixar els seus cotxes (DE., 2.5.1955).

Un any després, el 1956, veient que la Boqueria no es movia de lloc, tornaven els defensors de la construcció al Raval d'un sector barroc; a la idea ja exposada ara s'hi afegia l'aixecament d'un gran edifici de diverses plantes al bell mig del nou aparcament de la plaça de la Gardunya per tal d'ostentar la centralitat museística del nou barri barroc, si bé *su porte exterior guardaría consonancia con el tono monumental de un sector urbano que se desea revalorizar y ennoblecer* (LV., 24.11.1956). El projecte no especificava si aquell barroc havia de ser florit, xurrigueresc o rococó. Per sort, ja fos per raons econòmiques, per possibles moments de retorn al sentit comú o per temor a un gros conflicte amb els veïns afectats, totes aquelles cabòries s'esvaïren.

* * *

És evident que tots aquells interessos no eren el que més preocupaven a la gent. Menjar carn no era pas a l'abast de tothom; hi hagué gent que provà la de cavall, més econòmica; també la de balena, que de manera intermitent arribava al mercat. Abans d'acabar-se l'any 1950 l'Ajuntament, igualava els impostos de la carn de balena amb els del cavall, *por cuanto, según informe técnico, puede asimilarse a la misma* [de cavall], *por ser carne de baja calidad* (GMB., 11.12.1950). Sabem que la carn de balena, encara que més pobre en calories que la de vedella, porta en canvi molt poca grassa, gens de colesterol i més proteïnes que la carn de vedella. I la de cavall, molt de ferro i menys grassa que la vedella.

Al primer trimestre de 1951 foren sacrificats 2.784 cavalls a l'escorxador de la ciutat, que feien un total de 383.430 quilos, això representava el 7% de totes les carns, i el seu preu anava des de les 16 a les 23 pessetes el quilo segons fos de 3ª, 2ª o 1ª classe; en canvi, el preu de la carn de vedella l'any 1954 oscil·lava entre les 25 i 35 pessetes el quilo. La de balena es venia a 13,30 pessetes el quilo a l'única parada de la Boqueria que en servia; els seus propietaris suggerien a la clientela de cuinar-la segons una recepte que van trobar al setmanari *Destino* i firmada per Juan Cabané.[91] La transcrivim tal com va aparèixer impresa, per allò que la memòria sovint enganya:

> Nos permitimos aconsejar a nuestros lectores que si alguna vez desean comer ballena, de los muchos tipos de preparación que podrían ocurrírseles, no hay ninguno que pueda aventajar al estofado, teniendo en cuenta el tamaño de la pieza y la longevidad que acostumbra alcanzar dicho animal; los tipos de cocción rápidas y sencillos no tienen aplicación en este caso; por lo tanto la "Ballena estofada" que damos seguidamente es la de mejor resultado.
>
> BALLENA ESTOFADA (Proporción para dos personas)
>
> Primera operación.– 200, gr. de carne de ballena, se ponen a cocer con poca agua por espacio de unas cuatro horas; en la olla en que verificaremos dicha cocción habremos puesto (todo en frío,

91 Joan Cabané Felisart fou un important gastrònom i un bon articulista de la cuina. Emprengué la creació d'escoles de cuina

además de la carne del cetáceo) un ramillete de hierbas, una cebolla, un par de zanahorias, sal y pimienta; se cuela el conjunto, obteniéndose un caldo o fumet sin vino, que servirá para mojar el estofado. La carne y los vegetales no son aprovechables ya, por habérseles extraído la substancia.

Segunda operación.– Medio kilogramo de carne de ballena a trozos de unos 80 gramos, bien lavados, se colocan en una cacerola, con un octavo de litro de aceite, dos cucharadas de un buen vinagre y el caldo obtenido en la operación anterior; dos cabezas enteras de ajos, dos cebollas y un par de tomates, sal, pimiento en grano, blanco o negro, clavos de especia y unas hebras de azafrán. Se pone o cocer; cuando se comprende que la cocción está adelantada, puede añadirse patatas, guisantes o berenjenas, junto con un cuarto de litro de vino tinto espeso (Priorato). Treinta minutos después, el guiso estará a punto de degustarse. (DE., 20.6.1950)

A santa Caterina el paradista Joan Alern es dedicava a la venda de balena; però com que les coses no li anaven com ell s'havia imaginat, sol·licità a l'Ajuntament deixar l'activitat i retornar a la seva original, la venda de carn vacuna. Era l'octubre de 1954. I és que la carn de balena al nostre país no tingué bona acollida, senzillament no va agradar, malgrat que els preus eren inferiors a les carns tradicionals. El màxim de consum de la balena es produí a mitjan de la dècada dels 50; a l'agost de 1954 es van vendre 49.133 quilos de balena a la ciutat enfront els 97.238 de carn de cavall. El 1957, el consum de balena arribà al seu màxim: 71.347 quilos contra els 2.239.737 de cavall. Durant els anys anys seixanta, el consum de l'animal més gran del planeta, anà desapareixent.

Deixarem apuntada com a nota estadística que al setembre de l'any 1955 a Barcelona hi havia 23 mercats, aproximadament un per barri. La Boqueria en aquells moments tenia 1.468 parades a les quals calia afegir-hi 20 bars.

Durant aquells anys la Boqueria estava vigilada per l'anomenada Policia Armada, *els grisos*, la qual estava representada al mercat com a mínim per una parella de guàrdies. Mentre duraven les vendes, sempre hi eren presents però això no era impediment perquè de furts petits i mitjans n'hi haguessin cada dia, i de tant en tant, de grossos, com el comès a la cansaladeria de Joan Baró, quan a la nit del tres al quatre de gener de 1955 s'endugueren tots els pernils que hi havia, que eren molts.

Poc després començaren, a poc a poc, a aparèixer els primers turistes, que llavors quedaven simplement classificats amb el nom d'*estrangers*. A l'abril del 1956 i en un mateix matí, mentre caminaven bocabadats pels passadissos del mercat, un estranger rebé la pessigada de 17.000 francs a més de 400 pessetes, i un altre, de 71.000 francs. A partir d'aquestes dates els *estrangers* foren objectiu preferent, eren gent fàcil, confiada, que acostumava a portar a la cartera més bitllets que no pas la ciutadania barcelonina. El tema fou aprofitat i explotat immediatament per la clandestinitat; també *Radio Pirenaica* repetia una i altra vegada que tot plegat es devia a la misèria i la gana que patia la gent, la qual es veia obligada a espoliar els seus germans d'Europa.

Transformació social de valors i hàbits

Cap els darrers mesos de 1954 s'estengué l'opinió segons la qual el mercat de la Boqueria estava, una vegada més, en decadència; es deia que la causa principal era que les parelles joves preferien més comprar als «colmados» i botigues de barri que al mercat. I que el telèfon s'havia convertit en un enemic mortal, perquè fent una trucada a la botiga, al cap d'una estona tenies la compra a casa. També s'hi afegia que la Boqueria estava envellida i la majoria de les parades estaven tronades i que en canvi les tendes feien goig... Bé, creiem que no era això el que exactament passava; la crisi de la postguerra no s'havia acabat, els sous es mantenien molt baixos i la inflació empitjorava els preus d'allò més bàsic com era l'alimentació. L'any 1950 el país encara no havia assolit el nivell de producció de 1935; i havíem d'arribar l'any 1954 perquè la renda mitjana aconseguís superar la mateixa que hi havia a l'inici de la guerra, el 36. I evidentment, encara hauríem de veure com estava distribuïda aquesta renda, concentrada, com ara, en mans privilegiades. Malgrat aquell pessimisme, a les darreries de 1955 la Boqueria tenia encara 1.468 parades d'articles comestibles i 95 d'altres no alimentaris.

Com fos que la situació tan difícil s'allargava, l'Ajuntament va engegar una experiència força innovadora creant 67 parades de venda de peix fresc distribuïdes pels mercats de la ciutat *con anulación total de intermediarios, de aquellas especies de pescado de mayor consumo*, corresponent cinc taulells a la Boqueria. Els venedors podien ser armadors, pescadors, consignataris, minoristes i en general qualsevol persona que tingués alguna activitat relacionada amb la pesca. Sardines, sorell, bogues, seitons, faneques, verat, maires, bacallà fresc, besuc *pancho* i en general totes aquelles varietats el preu de les quals no sobrepassés les deu pessetes el quilo. L'1 d'octubre de 1959 començà la venda del peix en les noves condicions, amb gran expectació dels potencials compradors i amb l'enuig dels peixaters i peixateres tradicionals.

El resultat fou el previsible, la qualitat d'aquell peix que semblava que havia de ser la solució per a tantes famílies que anaven justes, començà a perdre categoria; si algú volia peix fresc, de bona qualitat, havia de recórrer a les peixateres de sempre i pagar més. Els tripijocs i la corrupció que engendren els diners, més la persistent oposició de la resta del gremi, posaren fi als propòsits d'uns funcionaris que sobradament podien saber el què passaria si abans no es feien canvis radicals

Als anys seixanta es modernitzen al país els interessos macroeconòmics; el liberalisme econòmic s'anava obrint pas i els grups inversors creixien. S'acostava l'hora dels Núñez y Navarro, Nova Building i el desplegament de les Caixes i la Banca. Es proposava una altra vegada, però ara descaradament, el trasllat de la Boqueria per motivacions netament especulatives:

> El mercado de la Boquería será típico, pero estaría mejor abajo [Drassanes] y no allí lleno de callejones. Compañías constructoras pagarían cada año de mil a mil quinientas pesetas por metro cuadrado y dejarían verdaderos palacios a beneficio del Ayuntamiento a cierto número de años. Imagínese lo que recaudarían para escuelas técnicas. Lo que pagan hoy no es ni el 10 por 100 de lo que recaudaría, pues es imposible en estas casas tan feas pueda cobrarse más. Pienso en aquellos beneméritos catalanes que hicieron el Ensanche y la Exposición. ¿Es que se acabó esa raza, que no le tenía miedo a los privilegiados? (DE., 9.2.1963)

Per sort la Boqueria va seguir al mateix lloc. La progressiva modernització del capital venia en bona part donada per l'acceptació del sistema franquista per part dels Estats Units; després d'haver-se firmat els *Pactos de Madrid* el 1953, començà la instal·lació de quatre bases americanes; arribaren diners, tones de llet en pols, formatges i molt de material militar: Espanya era una garantia contra el comunisme.

Els mercats rebien per primera vegada la visita d'empresaris i polítics fent la política d'una pretesa aparença de vida democràtica; l'ocupació de l'alcaldia de Barcelona per part de Josep M. Porcioles entre els anys 1957 i 1973 confongué molta gent; les seves visites a la Boqueria, saludant en català i donant la mà a venedores i compradors van fer creure a alguns ingenus que les coses canviaven. Són les típiques confusions que han portat a creure que les diferències entre totalitarisme i les nostres democràcies són abismals, de pensar que feixisme i capital no tenen res en comú. També entraven als mercats a guanyar vots els candidats pels terços familiars que, segons una llei franquista, els regidors dels ajuntaments serien elegits de manera democràtica, així com un altre pel terç sindical i un altre per entitats de règim corporatiu.

El juny de 1970, els gremis del Sector de l'Alimentació i els venedors dels mercats de Barcelona van retre homenatge al vicepresident del Sindicat Provincial de Fruits i productes Hortícoles, senyor Pedro Llorens Lorente, amb motiu d'haver rebut aquest la *Cruz de Caballero de la Orden de Cisneros*. Es tractava d'una distinció civil al mèrit polític que Franco concedia a qui s'havia distingit pels *relevantes servicios prestados a España*. A nosaltres ens interessa saber com la major part de venedores i bona part del públic comprador van tenir una actitud que anava de la indiferència al rebuig a aquell acte, perquè veien com els premiats i posats com exemple eren els qui més havien robat. Com era possible que aquell home, afiliat encara a la CNT l'any 1948 de la qual abominà i renegà per fer política i enriquir-se, treballador mecànic i empleat taxista, hagués arribat a ser el president de la poderosa *Confederación de Comercio de Cataluña*, rebent totes les condecoracions i els homenatges possibles per part de Madrid com més tard les rebria de la Generalitat? Fou un home d'absoluta confiança per part del franquisme i del pujolisme. Al seu despatx penjava un quadre amb les següents paraules: «*Amaos como hermanos y mercadead como extraños*».

L'estiu de 1970 es produí un augment general del cost de la vida precisament quan els salaris estaven *congelats* i no podien créixer; els telèfons van apujar-se un 80% i els lloguers de pisos, encara que menys, també ho van fer. Pel que fa als mercats, el peix pujà un 30% de mitjana, i la dotzena d'ous passà de 36 pessetes, a 44. Per sort, les carns es mantenien. Aquest era el temari de converses a la Boqueria; els peixaters feien pedagogia i explicaven: *Amb tant de turisme, és inevitable l'apujada del peix, perquè aquesta gent ve a menjar peix*. I molta clientela contestava: *I nosaltres quina culpa en tenim d'això?*

No oblidem que encara aquell mateix any 1970, el 14% de la població del Raval vivia rellogada; de manera que allunyats de les dades pretesament científiques, podem dir que a cada dos habitatges hi vivien tres famílies.

Només la desaparició del dictador l'any 1975 va poder desviar i canviar una estona les converses; alegria per part de molta gent; alguna d'aquesta, però, dissimulava la seva contrarietat per allò que havia d'haver passat trenta-sis anys abans. De totes maneres, per al personal comprador del mercat allò que més comptava eren els preus de cada dia perquè també la llum, l'aigua i el gas durant el 1977 tornaren a pujar. Els índexs d'augments s'accelerava: l'encariment del menjar ara es produïa cada cop amb menys temps; entre gener i agost d'aquell any els tomàquets passaren de 35 a 45 pessetes el quilo; les cebes, de 13 a 30, els enciams de 14 a 28; el pollastre de 84 a 108... (DE., 11.8.1977). Per a alguns, viure es feia molt difícil, més bé hauríem de parlar de sobreviure.

Amb la mort de Franco, ens preguntem: canviaren o hi hagué indicis de canvis en les relacions socials, als mercats, en l'ús dels diners, en la consideració del treball no com una maleïda font d'especulació sinó com una activitat solidària, igualitària entre dirigents i dirigits? Polítics de la clandestinitat i de l'exili aparegueren com bolets, la majoria presentant-se com els millors del país, els qui més bé farien la transició d'un règim teocràtic i feixista cap una democràcia electoral però dictatorial del capital. En els pactes que es signaren entre el vell Estat i els nous partits foren deixats de banda tots aquells grups nomenats autònoms, autogestionaris, llibertaris, és a dir, els que rebutjaven la continuïtat d'un sistema social que descansés sobre l'hegemonia de les minories que econòmicament governaven, gran part de les quals havien fet costat al general.

Epíleg

Quan arribem a la fi de la dècada de 1970-1980, la Boqueria seguia sent el mercat més gran de Barcelona en extensió, en volum de vendes i en nombre de parades: tenia 375 punts de fruites i verdures, 156 de carns, 85 de polleria i caça, 48 de porc, 134 de peix fresc, 24 de marisc, 8 de pesca salada, 39 d'ous, 14 de llegums i cereals, 39 de queviures o tendes d'alimentació en general i 20 bars. És a dir, cap a un miler de parades, deixant fora d'aquest recompte totes les botigues situades a l'entorn immediat del mercat com eren les dels carrers de les Cabres, Jerusalem, Floristes de les Rambles, Cervelló i de la Morera. (LV., 9.7.1978)

Però aquesta glòria, sostinguda durant tants anys, aviat començaria a pansir-se; avui ens trobem que el mercat disposa, escassament i amb una forta davallada sostinguda, de menys de 200 punts de venda o serveis; d'aquests, molts bars que fan les funcions de restauració, és a dir deglució immediata de productes del mateix mercat acompanyats d'alguna beguda; tal ingesta però, és enganyosa perquè forma part de la transformació de la Boqueria d'un gran espai històric de servei d'alimentació en un altre gran superfície, on l'oci i l'espectacle tenen una funció cada cop més rellevant. Algunes de les parades reconvertides en allò que ara en podríem dir com a *divertimento*, porten en els seus ròtuls de presentació, epígrafs com "*Delicatessen, Sweet temptations from convents ans monasteries*"; o "*Superfood Station Delicious organic & smooth*"; també "*Mas, Food Lovers since 1945*"; o bé, "*Mery's Market*".

Un responsable del mercat va afirmar que en una situació normal, la Boqueria rebia la visita d'uns 7.000 turistes cada dia; vol dir cada setmana 40.000, vol dir cada mes, etc., etc. I els venedors s'adapten als canvis per tirar endavant, de manera que una bona quantitat de taulells que abans estaven assortits de fruites i verdures ara els veiem amb terrines i vasos amb macedònia o altres bocins segons les fruites del temps; també en aquells recipients de plàstic hi trobarem peixets acabats de fregir.

Un canvi important del funcionament d'un cos o instrument social no acostuma a produir-se per una sola causa. En el cas del retrocés del nostre mercat veiem diversos factors, entre els quals n'hi ha alguns que sobresurten. Recordem com l'any 1957 sortia de fàbrica el primer cotxe SEAT 600. L'era de la motorització massiva començava, i aquesta portaria a també a la multiplicació de les segones residències i i urbanitzacions.

Just dos anys més tard, al juliol de 1959, al carrer Sant Antoni Maria Claret de Barcelona es va obrir el primer supermercat batejat amb el nom de Caprabo, sigles formades amb la primera síl·laba dels cognoms Carbó, Prat i Botet. Aquell acte va significar l'inici d'una manera de vendre i comprar que, com un allau, es faria difícil d'aturar. Aquell mateix any, la TV arribava a Barcelona: amb ella, el futbol, els toros i el franquisme trucaven a la porta de cada família. Tot això comportava més temps però com que aquest és finit i no es pot estirar, calia estalviar-ne per poder fer més coses amb el mateix. El proveïment de la cuina i la seva manipulació se'n començaren a ressentir

A la història dels humans, els canvis socials són incessables. Nosaltres, que en rebem els efectes, som també causa de moltes d'aquestes mutacions si bé d'altres ens venen imposats en nom d'un fals progrés. Es pot confondre simplificació de la vida, amb el seu empobriment; automatització, amb mutilació de les capacitats creadores i artístiques; vida sana, higiene i sanejament, amb la medicalització dels nostres cossos, pèrdua de la nostra intimitat i el control de tots plegats. Ordre i seguretat, amb reforç de la propietat privada i de l'autoritarisme.

Un dels criteris per conèixer què hi ha de bo en una canvi és veure fins a quin punt ens apropa o ens allunya de la naturalesa i dels seus valors. Hem vist com la comunicació als mercats ha tingut una importància eminent, ja sigui intercanviant sentiments, expressions i acompanyament en hores de dol, de separació i condol però també en moments de compartiment de joia i alegria; i com no d'intercanvi de coneixements i experiències.

Així ho expressava un dels bons coneixedors de l'expressió humana i el seu comportament: «*En el cor de les societats humanes, de la seva manera de funcionar, de la seva manera de pensar i de dir, resideix l'intercanvi; de la mateixa manera que s'ha pogut dir que l'intercanvi, associat al principi de reciprocitat, ha fundat la cultura i ha permès els homes establir amb la naturalesa una relació diferent a la de la simple submissió, l'intercanvi és també el vincle que ha donat forma a la història de les societats, gràcies a la cooperació, a la prohibició i a les lleis que es desprenen d'ell*».[92]

92 Lévi-Strauss, Claude: *Introduction à l'oeuvre de Marcel Mauss.1950*, citat per Danielle Provensal a la Revista d'Etnologia de Catalunya, n. 6, 1995